LE PRIX D'UN GONCOURT

DU MÊME AUTEUR

Retour à Uzès, roman, Pauvert, 1967, prix de l'Académie française.

L'Épervier de Maheux, roman, Pauvert, 1972, prix Goncourt.

Entretiens avec Jean Giono, album 2 disques chez Lucien Adès, grand prix de l'académie Charles-Cros.

Noémie, Célestin, Joseph, et les autres paysans d'Ardèche, Le Chêne, 1975.

L'Univers de Jean Carrière, textes inédits illustrés par Bernard Louédin, 1975.

Lazare, roman (« La Caverne des pestiférés I »), Pauvert, 1978.

Les Aires de Comeizas, roman (« La Caverne des pestiférés II »), Pauvert, 1979.

Le Nez dans l'herbe, La Table Ronde, 1981.

Jean Giono, qui êtes-vous? La Manufacture, 1985.

Julien Gracq, qui êtes-vous? La Manufacture, 1986.

Les Années sauvages, Robert Laffont-J.-J. Pauvert, 1987.

Voyage d'hiver en Provence. Photos : Hans Silvester, Nathan, 1987.

À PARAÎTRE

Le Dernier Été d'Occident, roman.

Les Forêts du Nouveau Monde, roman.

On rentre à la maison, roman.

JEAN CARRIÈRE

LE PRIX D'UN GONCOURT

ROBERT LAFFONT / J.-J. PAUVERT

ISBN 2-221-05361-3

A ma mère,
et à la mémoire de mon père.

« Le succès est un malentendu, le pire de tous peut-être. »

Jorge-Luis BORGES

« Les Anciens se méfiaient de la réussite non seulement parce qu'ils craignaient la jalousie des dieux mais encore le danger de déséquilibre intérieur lié à tout succès comme tel. »

CIORAN,
Aveux et Anathèmes

On devrait toujours écrire un pistolet sur la tempe. Au moindre faux pas le coup partirait. Ingéniosité, calculs, ruses, tout cela nous perdrait, quand l'ingénuité nous ferait marcher droit. Tel est le sentiment de péril que j'éprouve aujourd'hui à raconter cette aventure *vraie,* à abattre mon jeu sans le secours de la fiction, qui change nos citrouilles en carrosses et donne à notre vie la couleur de nos rêves. Déjà ma main se crispe et je cherche mes mots. C'est que je crains d'outrepasser les limites que je me suis fixées. Car, après tout, qu'est-ce qu'un roman, sinon l'exploitation *sous quelque forme que ce soit* des figures obsédantes qui hantent et gouvernent notre destin ? Écrivant ma vie avec mes romans autant que mes romans avec ma vie, le mot fiction n'a plus aucun sens, écrire demeure une entreprise hasardeuse où il y va de ma survie.

Le 21 novembre 1972, vers midi, je me trouvais à Paris, chez un bijoutier, place Drouant, en face du célèbre restaurant où un aréopage de dix écrivains se préparaient à prononcer le verdict annuel. Enfermés dans un bureau au premier étage, nous étions cinq à nous ronger les ongles autour d'un transistor : ma première femme, Michèle, Madeleine Attal, près de qui je travaillais à l'époque en qualité de producteur d'émissions à l'O.R.T.F., Frédéric-Jacques Temple, écrivain lui-même, directeur de la station du Languedoc-Roussillon (c'est à son amitié que je devais cette activité et la liberté d'écrire qu'elle m'accordait). Et Catherine Anglade, réputée être une des plus jolies femmes de Paris, qui avait remué ciel et terre pour attirer l'attention sur cet *Épervier* dont on parlait depuis six mois dans les journaux.

Le bouquin était sorti en mai : un produit de printemps n'a aucune chance de figurer dans la collection d'automne présentée par les éditeurs aux jurés des grands prix. Du reste, le roman avait déjà accompli un parcours honorable : une presse unanime – exception faite de deux ou trois boudeurs, dont je n'ai rien à dire, un tirage frisant les cent mille exemplaires : je n'avais plus grand-chose à perdre. Mais le succès assoiffe. Favori sur la liste des Goncourt, soutenu par leur président Hervé Bazin, dont le choix était appuyé par Robert Sabatier, Bernard Clavel, Michel Tournier, je m'étais pris au jeu tout en me répétant qu'il fallait être fou pour espérer pareille consécration, étant qui j'étais, c'est-à-dire personne, venant d'où je venais, c'est-à-dire d'un trou. J'envie l'assurance des lauréats qui accueillent la récompense sans sourciller, comme s'ils avaient la certitude de la devoir à leur seul talent. Les sentiments que m'inspirent mes livres n'ont guère varié : plus on en dit du bien, plus j'en pense du mal, et je n'approuve en mon for intérieur que blâmes et réticences. Les critiques négatives, intelligemment formulées, m'atteignent d'autant plus que leurs signataires me donnent fatalement l'impression d'être les seuls à avoir lu le livre que j'ai écrit, à l'encontre des autres, qui encensent un ouvrage que je ne reconnais pas. Ou, compétents, m'adressent des louanges dont je leur sais gré, mais qui ne compensent guère les réserves des détracteurs auxquels prête main-forte le peu d'estime que je me porte.

Une heure de l'après-midi. Armand Lanoux, dans le chahut habituel, annonçait devant les micros et les caméras, en même temps que ma victoire, une avalanche de déboires dont c'est à peine si je vois la fin. Dans la bijouterie, embrassades, pleurs, téléphones, champagne sur la moquette. Frappé d'une espèce d'amnésie, je me retrouvai au milieu de la place Drouant entouré de micros brandis par des mains invisibles, d'une foule sans visage contenue par des cordons de C.R.S., bronchant sur des câbles, projeté dans des voitures où l'on me braquait sous le nez toutes sortes d'instruments luisants, profilés, inquiétants comme des armes, et devant lesquels je m'entendais proférer un certain nombre d'âneries, en dépit de mon habitude de la radio. Des mains m'agrippaient au passage, des caméras enregistraient mon ébahissement.

Quand je revois les séquences prises à l'instant où le succès s'abattait sur moi comme un rapace, le malaise que je ressens me montre quelle erreur j'ai commise en ne restant pas terré au fin fond de mon Sud. Jusqu'au dernier moment, je m'étais préparé à l'échec. Pris de court par la réussite, je titubais sous son poids, ahuri, emprunté comme un plouc descendu de sa montagne pour empocher le gros lot.

La journée ne s'écoula pas : elle m'explosa à la figure, délicieusement meurtrière, sans me laisser le loisir de prendre mes distances avec tout ce fracas. Commotionné, j'allais de mains en accolades, de studios en rédactions, de téléphones en interviews, entraîné par un courant dont je n'étais pas maître, heureux d'entendre ma mère pleurer de joie au bout du fil, mais sentant mon état civil m'échapper, au point de trouver à mon nom une sonorité, un aspect bizarres, comme si, public, il avait cessé de m'appartenir et qu'un fantoche eût pris ma place pour le porter.

Depuis ce 21 novembre, un nom et un prénom m'apparaissent comme une supercherie. Il y aurait beaucoup à dire sur cette entourloupette de l'état civil qui fixe les traits d'une personnalité, lui prête dès la naissance un contour, une couleur, enfin une sorte de statut qui nous crédite d'une identité illusoire, usurpée, à laquelle nous croyons les yeux fermés alors que ce n'est qu'un repère sans existence réelle. Nous ne sommes finalement que des inventions de la vanité, un numéro ferait aussi bien l'affaire, les noms ne sont jamais que des numéros montés en grade : Faulkner l'avait bien senti lorsqu'il appelait deux personnages d'un roman par le même nom et le même prénom.

Rue de Nesle, rue Dauphine, au voisinage des éditions Pauvert, une sorte d'émeute m'attendait, avec des gorilles qui me propulsaient entre des haies hérissées de bras et de visages jusqu'au bureau du chef qui avait tout lieu de se réjouir d'avoir obtenu pour un de ses auteurs un prix qu'on prétend décerné d'entrée de jeu aux grands féodaux de l'édition française.

Le soir venu, le premier coup de tabac apaisé, après une cuite mémorable au Flore en compagnie de Jean-Jacques et Christiane Pauvert, d'Yvan Audouard, à la plume redoutée duquel je devais un superbe éditorial dans *le Canard enchaîné*, et de Catherine Anglade qui pour la circonstance s'autorisa la seule entorse que je lui aie connue au régime sec qu'elle s'imposait depuis des années, je repris souffle et, une fois dans mon lit, j'évaluai les conséquences heureuses de l'événement, tout en persévérant dans mes doutes : mes cent mille exemplaires avaient épuisé le succès de ce livre. Le coup de pouce du Goncourt, dans le meilleur des cas, augmenterait le tirage de quelques milliers d'exemplaires : ce serait le plus mauvais score enregistré depuis la fondation du prix. J'avais écrit ce roman sans être certain qu'il serait publié; s'il l'était, je pensais qu'il n'accrocherait guère plus de quinze cent lecteurs. Une première version, trop sèche selon mon goût, était allée au feu : je voulais me mettre à l'abri de la tentation d'y puiser. C'est une expérience que je ne souhaite pas renouveler, tant elle m'a coûté de jours sombres et de nuits blanches.

J'entrerais laborieusement dans le hit-parade de *l'Express*, pour disparaître dès le début de l'année, emporté par la vague des fêtes (le titre devait y occuper la première place plus de trente semaines).

Les fins lecteurs m'ignoreraient, soit parce qu'à leurs yeux le Goncourt disqualifie son homme, soit parce que celui-là serait immérité. Gabriel Marcel – le philosophe, je le précise, car j'ignore qui sait quoi aujourd'hui – m'avait bien écrit à diverses reprises pour me dire son enthousiasme et souligner que le véritable sujet du livre n'était pas celui dont on me créditait dans la presse; je redoutais d'ores et déjà d'être classé une bonne fois pour toutes parmi les chantres de la nature, les régionalistes d'audience nationale – enfin un homme des bois, l'Indien échappé de sa réserve dont j'avais, disait-on, hérité les traits par quelque ancêtre iroquois : ne suis-je pas équipé d'une grand-mère américaine?

« Aux États-Unis, la plupart des écrivains sont des régionalistes », m'avait écrit Maurice-Edgar Coindreau, l'homme qui avait traduit et imposé en France les grands Américains, notamment Faulkner. « Il est dans la nature de notre pays, replié sur sa capitale, de stigmatiser par ce terme les écrivains qui ont un territoire sous les pieds. » Mes relations d'amitié avec Jean Giono, les quelques années que j'avais passées à Manosque ajoutaient à ce malentendu. La présence d'éléments autres qu'humains dans un roman me collerait une étiquette sur le dos, quoi que j'écrive désormais. Je l'ai bien vu quand, dès la publication de mon dernier roman, *Les Années sauvages,* il a été question des Cévennes alors que l'action se situe en haute Margeride (mais depuis Paris, comment faire la différence?), de style « rocailleux », vieux cliché datant de *L'Épervier,* lorsque le climat de ces *Années sauvages* m'invitait à une certaine fluidité, et à éviter surtout les pièges du lyrisme agricole : le sujet du roman ne se prêtait guère à l'évocation des joies de la nature; c'était plutôt la quête d'une mémoire harcelée par les saisons perdues, par le temps qui passe, non par celui qu'il fait. Je n'ai d'autre référence, depuis que je me suis mêlé d'écrire, que le cri déchirant de Rimbaud : « Que les oiseaux et les sources sont loin! » Il faut que les choses soient hors d'atteinte pour que l'écriture ait suffisamment envie de les repêcher.

Vais-je me hasarder à promener entre les gratte-ciel de New York les personnages de mon prochain ouvrage aux fins de décourager les amateurs de pastorales, d'échapper aux fleurs sous lesquelles ils m'ensevelissent? Encore faudrait-il que je m'affuble d'un pseudonyme – j'y ai songé : on ne pardonne pas à un auteur qu'il sorte du rôle que la rumeur lui a attribué. Pas plus qu'on ne tolère les changements de métier, d'adresse, sinon de femme, dans un pays qui prend volontiers l'errance pour de l'instabilité.

Cette nuit du 21 novembre, je la passai sans dormir, partagé entre l'éblouissement et la perplexité.

L'éblouissement, c'était, avant la gloriole, dont j'allais mesurer les risques et la fragilité, la possibilité de ne plus aborder les fins de mois à leurs débuts, de ne plus trembler de perdre mon poste de pigiste, lequel ne tenait qu'à un fil, à l'humeur non de mon ami Temple, mais de ses supérieurs, d'arracher ma femme à cette école à classe unique où je pensais la voir dépérir jusqu'à la fin des temps, de ne plus rougir devant les proches et les moins proches d'un acharnement à écrire jusque-là sans effet. J'avais une revanche à prendre sur mes anciens camarades de classe, qui depuis belle lurette avaient pignon sur rue, quand je rasais les murs, me récitant, pour adoucir ma honte : « Oisive jeunesse, à tout asservie, par délicatesse, j'ai perdu ma vie. » Dans le village où nous habitions – un logement de fonction concédé par l'Administration – à l'exception du maire et de son épouse, mes amis Reboul, on me tenait pour quantité négligeable, un farfelu vivant aux crochets de sa femme, et qui passait son temps à courir les bois, assurément pour y braconner. Le travail des champs y déconsidérait celui de la plume, et, quoiqu'on aperçût la lumière de mon bureau briller bien avant l'aube, qu'on m'entendît tous les matins sur les ondes, ma clandestinité offrait prise à la méfiance, et je me sentais épié comme un taulard en liberté surveillée. Ce discrédit me talonnait depuis l'enfance. J'avais enfin de quoi clouer le bec aux ricaneurs, « obtenir l'estime des imbéciles », qui, comme on sait, demeure le garant de la réussite. Il y avait également mon père, congratulé par tout l'Opéra de Lyon, où il tenait la baguette, et à qui je devais plus qu'à quiconque une distinction qu'il méritait plus que moi.

Ceci pesé, restaient les doutes. Le prix Goncourt est l'archétype de l'arme à double tranchant, et la tâche la plus urgente, pour un écrivain qui l'a obtenu, est de s'en faire blanchir par l'oubli. Mérité ou pas, il jouit d'une fâcheuse réputation dont l'auteur écope avant d'en empocher le bénéfice. Le tapage et les projecteurs ne trompent guère que les badauds, agacent la critique huppée, exaspèrent les amertumes, font ricaner les je-sais-tout, les laissés-pour-compte, les délicats, les on-ne-me-la-fait-pas, les fanatiques du silence, les coupeurs de virgule en quatre, les punaises d'antichambre, les fondateurs de sectes, les extralucides, les terroristes, les lointains, les écœurés, les hépatiques, les ulcérés, les spécialistes sans emploi, les vertueux, les puritains, les amateurs d'échecs, enfin tous ceux qui ont loupé la suprême récompense après un quart de siècle de bons et loyaux services. Tout un public lui tourne le dos, celui des doctes qui crachent sur le succès, et feuillettent au fond d'obscures officines des auteurs illisibles ou qui concèdent à leurs fidèles trois pages tous les dix ans; celui des lecteurs floués par les mauvais crus qui déshonorent leur étiquette; celui des gens qui vous fréquentent et qu'une plume rentrée démange sans relâche. Bref, le prix Goncourt est un gâteau couvert de mouches et bourré de fèves sur lesquelles on se casse les dents.

Mais quoi! Je n'appartenais pas à une écurie visée par les foudres des réformateurs. Mon éditeur était de pointe, et par là même marginal. Il n'avait pas un sou vaillant, je ne le voyais pas graisser des pattes, si pattes il y avait à graisser. A peine m'étais-je crédité de ce mérite que j'en décelai le revers : j'étais l'alibi qui confirme l'abus. L'otage d'un jury qui se payait une conduite, une fois tous les dix ans, en couronnant un auteur peu connu, et en l'occurrence chez un éditeur « hors Goncourt ». Mon livre était tout juste bon à jouer les utilités. Je ne l'estimais pas suffisamment pour songer un instant que ces messieurs l'avaient adopté, conquis par ses qualités. Oui, oui, il y avait eu cette intervention mémorable de Max-Pol Fouchet à la télévision. Au mépris de sa réputation de droiture, je le pensais manipulé. J'imaginais partout des enveloppes. Quant à Gabriel Marcel, l'incorruptible, je mettais son emballement sur le compte de l'âge. Je me persuadais que, Pauvert ou pas, les dés étaient pipés, et cette consécration, loin de confirmer mon talent et d'apaiser mes doutes, ne faisait que les attiser.

Dès le lendemain matin, je me précipitai sur le livre, le feuilletai : il était vide. Je ne retrouvais aucune trace de ce que j'avais pensé y dissimuler. Ça, une écriture ? Plutôt une laborieuse copie. Les deux ou trois forcenés qui s'acharnèrent longtemps sur mon livre, démangés par un prurit qui me concédait beaucoup d'honneur, répandaient leur venin en pure perte, le mien avait déjà fait son office, et il était autrement subtil. Je m'étais obligé à ne raconter mon histoire que depuis l'extérieur, en m'interdisant de nommer l'innommable, de pénétrer par effraction dans la tête de mes personnages. La psychologie, je la tenais pour une science relevant de l'autopsie des cadavres : elle tuait les personnages d'un roman en ramenant l'être et ce qu'il a d'inexprimable à l'une de ses modalités – la plus superficielle de toutes. Les miens, je les avais choisis muets, rustres, peu expansifs, à seule fin de ne pas violer un mystère qui ne leur appartenait même pas, et à moi moins qu'à quiconque, puisque ce mystère impliquait ma propre stupeur devant l'inconcevable. Je m'étais contraint – au prix de quelle continence ! – à ne fournir au consommateur que l'écorce du fruit et juste ce qu'il fallait de chair pour différencier ces créatures si peu que ce fût du règne minéral auquel mon pessimisme métaphysique les assimilait. Et maintenant, mon fruit était sec. Je n'y trouvais ni goût, ni parfum, ni consistance. Accablé, je refermai le livre et pris le parti d'exploiter à fond la chance qui m'était offerte de repartir d'un autre pied, l'esprit libre, dans mon prochain roman.

Nous aurions un toit à nous sur la tête, ma femme se mettrait en disponibilité pour élever nos deux garçons – dont l'un n'avait que six mois. Plus d'angoisses à l'heure du facteur, dont le nom était synonyme de factures. Les railleurs mordraient la poussière. Je pouvais même me payer le luxe d'afficher un triomphe modeste devant une récompense dont je mesurais l'ambiguïté. Ma principale qualité étant un sentiment désabusé de la vie – par vie, j'entends cette menace qu'on nous jette à la tête dès notre adolescence –, mon principal défaut un goût immodéré pour le bonheur, assorti du vague espoir que le pire n'est pas certain, c'est toujours de très loin que j'assiste au spectacle et que je n'y participe qu'à titre de figurant (la qualité et le défaut sont ici interchangeables, selon la mentalité du lecteur).

Le lendemain, pas plus tôt sorti de mon hôtel, je devins un objet, une chose, un pantin. Interviews, radios, télévisions, signatures, débats, tour de France, d'Europe, presque du monde. Les Grands Magasins m'exhibaient entre les cravates et les savonnettes. Devant des queues qui piétinaient jusque sur les trottoirs, je dédicaçais des piles de livres, me faisant un honneur épuisant de varier les formules. Une foule de lecteurs se réclamaient de leurs ascendances cévenoles, à croire que la moitié de la France y possédait des racines, ou s'en inventait. C'est qu'on commençait à redouter l'avenir, et l'archaïsme arrivait à point pour compenser les froideurs de la modernité.

Auteur cévenol, masque érodé, tignasse drue, maigreur salubre, style granitique (*sic*) : moi qui sortais des plaines, qui n'étais ni cévenol ni protestant, et encore moins intéressé par les drames paysans mais à qui les Cévennes avaient offert un exotisme suffisamment ingrat pour y situer mes propres hantises – des démêlés avec un Dieu rapace, un Dieu féroce à tête d'épervier, hallucinant par son absence même –, je bouchais sans le vouloir un trou négligé par les auteurs de ma génération. Une société a toujours besoin d'une plume affectée à la conservation des valeurs champêtres.

On devrait la tourner sept fois dans l'encrier, cette plume, avant de s'aventurer dans ces terrains marécageux où l'on risque de rester enlisé à vie. Détromper le lecteur, lui démontrer que son enthousiasme est mal venu, tourné dans la mauvaise direction, qu'il lit de travers, que le livre qu'il aime n'est que très rarement celui qu'on écrit, ce n'est pas la tâche d'un écrivain, mais de cet avocat, de la défense ou de l'accusation, qu'est la critique. Il faut des décennies pour qu'un auteur soit reconnu inclassable, c'est-à-dire pour être ce qu'il est, quel que soit son talent. Et encore ne doit-on en général ces corrections de perspective qu'à des éditorialistes qui sont d'abord et avant tout des écrivains. Ils souffrent peut-être moins que la critique traditionnelle des méfaits de la saturation professionnelle, de la mode, des sectes, qui font aujourd'hui la pluie et le beau temps sur le monde littéraire grâce à un arsenal médiatique sans précédent.

Cinq ou six mois plus tard, lorsque j'allais me retrouver au milieu de mes pins et de mes oliviers, ce serait pour hésiter si je devais casser ma plume, ou prendre mes cliques et mes claques et filer vers un pays quelconque où me refaire une nouvelle tête.

L'Épervier s'envola. En trois semaines, trois cent mille exemplaires vendus. A la fin de l'année, il passait le cap des cinq cent mille. Le succès, apaisant mes craintes, endormait ma vigilance. L'affaire tournait à l'exploit sportif. Laissant mes scrupules au vestiaire, je me prenais au match qui se disputait sous mes yeux, entre un poulain dont j'avais sous-estimé la vitalité et ses quelque soixante et dix prédécesseurs qu'il allait coiffer au poteau – exception faite d'un des seuls, avec celui que je précédais, à figurer, hors d'atteinte, dans la postérité [1]. Il n'était plus question de talent, mais d'un phénomène de foire. Je devenais pareil aux bêtes politiques : qu'importe le breuvage, pourvu qu'on ait l'ivresse, une fois le fauteuil obtenu.

Mais à l'inverse des ascensions laborieuses, le prix Goncourt vous tombe tout rôti dans l'assiette. J'avais écrit un livre comme d'autres se défoncent aux joints pour planer. J'étais déjà payé de tous mes efforts, et

1. Malraux, *La Condition humaine;* Proust, *A l'ombre des jeunes filles en fleurs.*

l'on récompensait le plaisir que j'y avais pris. C'était le monde à l'envers, et mon innocence avait décidément les mains pleines. J'en concluais un peu vite que s'échiner à courir après la fortune est le plus mauvais de tous les calculs et qu'il n'est pas nécessaire d'accumuler derrière soi les cadavres : j'oubliais que c'est l'éditeur et ses séides qui se chargent si besoin est de nettoyer le terrain. Je tenais mon succès du hasard, ou de manigances qui m'échappaient, et j'en empochais le bénéfice d'un cœur de plus en plus léger. La griserie était d'autant plus forte, en dépit de mes scrupules, que j'étais passé du jour au lendemain de l'ombre à la lumière. Je n'avais pas piétiné pendant vingt ans dans ces files d'auteurs condamnés à faire tapisserie derrière les projecteurs. Rien de tel que ces triomphes foudroyants pour désarmer nos défenses alors que l'ennemi commence à nous observer.

Un tel tapage ratisse large dans le passé d'un homme. Tout ce qu'on a fréquenté, obscur, de gratin ou de menu fretin, fonce dans cette drague, et vous voilà harcelé par un cortège de visages et de souvenirs mangés par l'oubli. Il y a les fidèles : ceux-ci se taisent, se tiennent à l'écart, confirmant l'intégrité de leur attachement. Les autres vous sautent au cou, vous désirent à leur table, sinon dans leur lit : beautés accroupies griffonnant en hâte un numéro de téléphone sur un genou à découvert en guise d'échantillon, tandis que s'impatiente une haie de chalands. Filles qui vous abordent dans la rue, vous ferrant d'une main qui s'attarde, d'un regard qui s'appuie. Courrier du cœur, allant du poème rose à la missive marquée de rouge à lèvres. Une dame, à laquelle je n'ai pas donné suite, me proposa de me coucher sur son testament après l'avoir fait sur son lit. Un soir, en regagnant le mien, j'y trouvai une des filles de chambre de l'hôtel munie de son passe-partout, une brunette que j'avais souvent croisée dans les couloirs en convoitant ses mollets de danseuse sans qu'elle daignât m'accorder un regard avant de m'avoir vu sur le petit écran. Rien n'est plus attrayant que de donner dans ce genre si décrié. Les grandes bourgeoises maigres au regard dur, au verbe cinglant, ne soulevaient en moi qu'une épouvante de puceau, mettaient ma vanité à rude épreuve : on se payait une mode qui me faisait cocu.

Après quatre mois de ce régime, je commençai, la fatigue aidant, à voir l'envers du décor : une des plus tristes leçons de ma vie aura été le désenchantement que me causa la plupart des écrivains que je rencontrais et auxquels je prêtais jusque-là des vertus conformes à leur talent. Ces machines à écrire me firent toucher du doigt la vérité de Pascal, selon lequel c'est notre réputation qui l'emporte sur nos mérites, lorsque nous exigeons les égards qui nous sont dus. Sa majesté le moi triomphe suffisamment sous la plume pour qu'on ait la décence de ne pas le promener dans la rue. Il fallait se rendre à l'évidence : les écrivains faisaient le trottoir. Furieux, navré, je me replongeais dans le pamphlet de Julien Gracq, *La Littérature à l'estomac,* dépité de n'avoir su le suivre en refusant à mon tour le Goncourt : mes fins de mois difficiles m'en avaient empêché, en même temps que la vanité qu'il y aurait eu à répéter un geste pour le coup défraîchi. Et puis, avouons-le, j'avais des comptes à régler, avec moi-même autant qu'avec autrui, et cette consécration m'avait permis de tirer un trait sur toute une partie de ma vie, d'en justifier les revers, les tâtonnements, les ratés.

Je commençais à songer au printemps qui allait bientôt fleurir les collines du Sud. Mes oliviers. Mon ciel immense. Mes grands espaces. Une touffe de thym dans l'aube bleue me paraissait miracle depuis tout ce fracas. Mon Sud, timidement, comme déjà vaincu par la superbe de cette capitale éprise de soi-même, m'apparaissait désormais sous les traits de mes deux grand-mères, l'une impotente, perdant la tête, au fond de ses quatre-vingt-quinze ans, l'autre soignant ses fleurs, ses chats – l'image de son petit-fils plantée dans le cœur –, fière et taisant le chagrin causé par mon absence, qui lui rendait bien lourds ses quatre-vingt-dix ans. Écrivant ces lignes, je me sens dans la peau d'un traître, d'un mufle, d'un lâcheur. Que n'ai-je sauté dans l'avion pour aller engloutir mon visage dans ses genoux, comme petit je le faisais, pour la prendre dans mes bras, frêle cage d'osier que je craignais de voir se briser depuis que la mort m'avait chuchoté à l'oreille ses avertissements, depuis que je savais, de si bonne heure, que le temps d'aimer prime tous les autres, et qu'on le prend, ce temps d'aimer, toujours trop tard. Nos disparus s'en sont allés sans réclamer, discrets, sur la pointe des pieds, comme pour nous débarrasser le plancher, et notre dette s'enfle de leurs silences, de leur effacement devant notre essor.

Autre leçon : depuis qu'interrogé sur les ondes ou les écrans, je me racontais à travers mon livre, c'était pour concevoir l'inutilité de tout ce verbiage. Que voulez-vous qu'un écrivain réponde quand on l'interroge sur ses œuvres? Il brode, il anecdotise, il dit n'importe quoi, il est question de tout, sauf de littérature. Comment parler de ce qu'on fait sans trahir, comment ne pas déraper inexorablement vers autre chose? Brillants causeurs cultivant leur image, et leurs livres nous tombent des mains. Les meilleurs bafouillent ou choisissent la clandestinité, et l'estime que m'inspire l'œuvre d'un Modiano s'augmente devant sa paralysie et son inaptitude à redire mal ce que sa plume accomplit si bien dans une dimension où le discours n'a pas accès. Si la littérature, c'est ce qui reste quand on a écarté l'histoire – ce qui n'est pas forcément vrai –, alors nous perdons tous notre temps à raconter des faits divers tout juste bons à meubler les veillées. Et quel flair, chez Gide, lorsqu'il déclarait que le savoir-dire va toujours au détriment de l'œuvre à faire : il n'est peut-être pas de registres plus incompatibles que celui de la parole et celui de l'écriture. J'en fis la pénible expérience durant ces mois d'hiver où j'abondai sans résister dans le sens que m'imposaient mes interlocuteurs, jusqu'à donner de moi et de mon livre une image si caricaturale que je ne cessais de me fuir, crainte de terribles représailles venant du peu de lucidité qui me restait.

Mais le pire, c'était d'être propulsé, par la faute de ce succès excessif et brutal, dans une catégorie d'écrivains qui n'était pas la mienne. Jean-Jacques Pauvert avait parfaitement tenu son rôle d'éditeur en me mettant au fait de lois que j'ignorais, et qui régissent le fonctionnement du monde littéraire à

Paris. Les livres y sont moins jugés pour leurs qualités intrinsèques (ou leurs défauts) que par le *genre* que leur destine la rumeur. C'est une sorte de commodité à laquelle le public croit les yeux fermés, et qu'il est très dangereux pour un auteur d'ignorer. Je simplifie outrageusement : il y a, en gros, les auteurs à succès, souvent dédaignés par la critique de chapelle qui pince les lèvres devant les gros tirages, et il y a les auteurs prétendus « de qualité », dont quelques initiés se disputent la découverte.

Mon premier roman, quels que fussent ses défauts, m'assimilait plutôt à cette dernière catégorie – du moins si j'en croyais mon éditeur et le petit nombre de lecteurs et de critiques qui m'avaient témoigné leur sympathie.

Un des meilleurs libraires de la région [1], grand dévoreur de livres et passionné par son métier, m'avait fait l'honneur – qu'en mon for intérieur je jugeais parfaitement immérité – de placer *Retour à Uzès* sur l'étalage réservé aux œuvres d'audience durable, mais limitée.

– Vous avez pour voisins Gracq et Duras, me dit-il.

Retour à Uzès m'avait fait entrer sans tapage dans l'arène littéraire. C'était en effet un livre pour un public sinon marginal, tout au moins peu attiré par les best-sellers. J'avais toujours pensé grossir lentement ma pelote, me faire une place en douceur, sortir du rang sans fracas, livre après livre, et voilà qu'une renommée immédiate et retentissante me classait

1. Auguste Roustan, installé à Alès, et devenu par la suite un ami.

définitivement parmi les auteurs de hit-parade. *L'Épervier* eût-il tiré à cent mille exemplaires ainsi qu'il l'eût fait sans le secours du Goncourt, j'étais un auteur heureux mais un auteur *accepté,* un parmi tant d'autres. J'aurais poursuivi mon chemin sans gêner personne. Il eût été en somme plus prudent d'accéder au statut d'écrivain sans bousculer la hiérarchie, ni franchir d'un seul bond toutes les étapes de la notoriété. Je n'aurais attiré l'attention sur moi que progressivement, lorsque ce fracassant tirage mettait le monde littéraire devant *le fait accompli* : rien de tel pour vous situer parmi les « nouveaux riches » qu'un succès qui survient sans crier gare et prend de vitesse les sentinelles postées à l'entrée de l'arène. C'est un coup qu'on ne vous pardonnera jamais, et le public lui-même, qui en veut pour son argent, attendra désormais de vous de nouvelles performances : se surpasser devient une hantise dangereuse pour l'écriture. Comment franchir de nouveau cette barre fatidique que le succès, toujours plus ou moins accidentel, a placé bien trop haut ? Après avoir cru écrire pour quelques centaines ou quelques milliers de lecteurs, on se retrouve devant une arène bondée de spectateurs qui suspendent leur souffle en épiant le moindre signe de défaillance – ou le renouvellement de l'exploit. Il y a là de quoi vous glacer le sang, vous paralyser la main, rendre suspect le moindre mot sorti de votre plume.

En passant du registre de l'auteur discret à celui de vedette, j'allais me retrouver empêtré dans un problème insoluble : écrire selon une démarche qui, d'après moi, ne pouvait guère correspondre au profil de l'auteur à succès, et en même temps rendre cette démarche accessible à tous ceux qui m'avaient assuré le succès. C'est peut-être la leçon la plus cruciale que j'ai tirée de cet enseignement : posséder suffisamment de maîtrise, de talent, de modestie (tout en respectant les plus hautes ambitions) pour que le lecteur ait la possibilité de nous suivre dans les sentiers les plus scabreux de notre imaginaire. Balzac a résumé le fond de ce problème en une phrase : « Le génie ne ressemble à personne et tout le monde lui ressemble. » Quel que soit notre talent, nous devons nous efforcer de respecter une certaine *convention* dans l'écriture, convention grâce à laquelle le lecteur peut faire la moitié du chemin dans notre direction. Un livre n'est jamais que le produit d'un pacte qui lie l'écriture et la lecture, indissolublement.

Et puis tout alla très vite. Quelque chose en moi se révolta; ni conscience, ni amour-propre : mes nerfs. Les nerfs de l'enfant qui trépignait en moi, me tirait par la manche : on rentre à la maison! Paris m'avait embrassé sur la bouche, et je m'étais laissé faire, mais pas lui, l'inconsolé, qui songeait aux douceurs du Sud, au Royaume trahi par chaque mot sorti de ma bouche, fussent-ils des mots qui en louassent les vertus, lui refusait cette pente et le sort devait se mettre de son côté – du côté de l'enfant visionnaire, si fragile et pourtant capable d'endurer les pires écarts en attendant son heure.

Depuis ce 21 novembre, je n'avais revu mon père qu'une fois, retour du Canada, en janvier 1973. Ce prix Goncourt était évidemment la plus belle récompense que sa confiance en moi pût espérer. Elle le vengeait de mes déboires antérieurs, et peut-être des injustices dont il avait eu à souffrir de son côté, étant par nature impropre à imposer son talent par d'autres moyens que ce talent, ce qui de nos jours ne nourrit guère son homme. Nous nous étions embrassés en pleurant, pleurant sur un passé commun lumineux et tendre, plein de sentiers, de bivouacs, de forêts, et d'une patiente lecture du monde, pas à pas, à travers bois, landes et plages où notre faim d'exister nous entraînait.

Le 6 avril 1973, je devais signer à Nancy, à la librairie Schmitzberger. J'avais passé la nuit à l'hôtel. Vers neuf heures, au sortir du lit, une angoisse me prit, ou plutôt une irrésistible nausée, un dégoût global de tout ce battage. Rentrer chez moi, coûte que coûte, en finir avec ces tournées harassantes, ces niaiseries rabâchées devant les micros et les caméras – avec ce malentendu auquel je souscrivais depuis des mois, et dont je savais quel effort il m'en coûterait, quelle cure de silence et de solitude, pour en dissiper les effets.

J'étais à bout. J'en fis part à mon garde du corps, Jean Santoni, un des collaborateurs des Éditions Pauvert, qui m'accompagnait dans la plupart de mes déplacements. C'était un homme aimable, sensible, et mon effondrement ne le surprit qu'à moitié.

– J'annule tout, tant pis pour les cartons d'invitation, me dit-il. Mais il n'est pas question de faire faux bond aux Schmitzberger. Ce serait une faute professionnelle grave, et un affront. Du reste, ils nous attendent pour déjeuner avant la signature. Tu tiendras bien le coup jusqu'à ce soir. Mais qu'est-ce que je vais raconter aux autres?

– Tu n'as qu'à leur dire qu'une affaire de famille m'oblige à regagner dare-dare mon domicile. Je ne sais pas, moi, la maladie d'un proche, un accident, un deuil, n'importe quoi, je m'en fous...

A midi, nous trempions nos asperges dans une sauce mousseline quand le téléphone sonna. C'était pour moi, ma femme était au bout du fil.

– Jean... Il s'est passé une chose terrible. Ton père, sa bicyclette... Une voiture l'a renversé. Il est mort sur le coup.

Blême, Jean Santoni, assommé par mon incroyable prémonition. Moi, coup de poignard dans le ventre. Papa. Papa. Je m'entendais hurler : « Non, non, non, je ne veux pas, je ne veux pas. » Les tripes arrachées, je sanglotais dans les bras de notre hôtesse, qui avait perdu toute une partie de sa famille dans les camps. Elle m'étreignait, les yeux pleins de larmes, « mon pauvre enfant, mon pauvre enfant ». J'allais sur mes quarante ans. Mes quinze ans étaient toujours là, intacts, plus contemporains que jamais, l'avait-elle deviné, cette femme qui connaissait la souffrance et n'en parlait jamais? Avait-elle deviné que tout le reste venait de partir en fumée? Que le mot « Goncourt » me faisait horreur? Que je me sentais responsable de cette mort, comme si mon père, se pensant tout à coup inutile, s'était esquivé, pour me laisser le champ libre? Que j'avais perdu avec lui mon permis de séjour dans le monde? Que je ne m'en remettrais jamais? Que tout allait se détraquer dans la famille? Que cet homme y avait occupé tant de place, pour le meilleur et pour le pire, que le vide laissé par sa disparition n'entraînerait que désastres, bruit et fureur, silence et désolation ?

Je réalisai tout à coup que la mère de mon père était morte deux mois avant et que je ne m'étais qu'à peine préoccupé de ce deuil, considéré par moi, une fois survenu le drame, comme un avertissement discret du destin que je n'avais pas su déchiffrer. Oh, retourner quelques mois en arrière, déchirer ce livre, tailler mes oliviers, accompagner mon père dans ses balades à bicyclette!... C'est moi qui l'ai tué, c'est moi qui l'ai tué. Si je ne m'étais pas trouvé à Nancy, il eût sans doute pris une autre route. Lui, si alerte, avalant ses cent kilomètres en une matinée, comment une voiture avait-elle pu le surprendre ? J'épuisais toutes les hypothèses. Distrait. Distrait par ce remue-ménage. Il s'est senti de trop. Heureux de ce succès. Mais brusquement vieilli par la perception du temps écoulé entre ce 21 novembre maléfique et l'aube d'un jour d'été où tout avait commencé, à l'autre bout de ma jeunesse, quand le cœur nous battait de découvrir si beau le monde, la vie si pleine et l'espoir si grand.

Je suis né à huit ans. Il n'y aurait là rien de très inquiétant, compte tenu de tous ceux qui rendent l'âme avant de s'être avisés qu'ils en possédaient une. C'est la violence avec laquelle l'événement s'est produit qui ne laisse pas encore de m'impressionner.

A Nîmes, nous habitions en ville, un appartement d'un genre plutôt renfermé où les seuls horizons dont j'ai souvenance étaient ceux que m'offrait la musique : mon père était chef d'orchestre et compositeur, ma mère chanteuse et pianiste. Grâce à eux, à cette musique qui, paraît-il, me collait tout jeune aux barreaux de mon parc, j'avais déjà fait beaucoup trop de chemin du côté de l'indicible pour ne pas montrer de sérieux handicaps devant les obstacles qu'un enfant normal franchit sans difficulté : je devais avoir l'air d'un crétin. L'école m'était supplice, et avec elle, tout ce qu'elle impliquait de vie en société. Que d'aversions couvaient en moi, dont rien ne parviendrait plus tard à me délivrer, et les lauriers moins que tout. A huit ans, j'étais en somme fin prêt pour devenir un vagabond, une cloche, un délinquant, si je n'avais reçu de mon éducation des moyens plus luxueux d'échapper à la règle.

A la suite de je ne sais quelle maladie, on me fit cadeau d'un mazet [1] : j'avais besoin d'air, de soleil, de tout ce qui pouvait colorer mes joues, fortifier mes bronches, aiguiser mon appétit. Qui aurait pu prévoir quels terribles appétits ce jardin et son pavillon dissimulé sous la verdure allaient réveiller chez un garçon de huit ans? Avant de franchir le portail, j'étais encore une larve. Une larve musicienne, mais une larve. Une fois au cœur du sanctuaire, croulant – comme je m'en souviens – sous les fleurs de mai dans une éblouissante symphonie de parfums, je me mis tout d'un coup à exister, et ma mémoire s'ouvrit à toutes ces tendresses qui lui laisseraient des morsures impossibles à cicatriser.

Surtout ne lâchons pas le mot « nature ». Amour de la nature, l'expression est obscène, elle sent son bon sauvage à plein nez. Retour à la terre nourricière, qu'à ton tour tu fertiliseras joyeusement de tes os. Ciels fêtés d'hirondelles, soirs veloutés, canicules aux parfums lourds... Je répugne à user de cette musique-là, et bien que j'aie parfois donné l'impression d'y succomber, par la faute de ces jugements simplificateurs qui facilitent le travail du critique et flattent l'apathie du lecteur, c'est sur un tout autre registre que s'inscrivaient mes chants funèbres. La nature, c'est une espèce d'hallucination provoquée par le

1. Petit pavillon très répandu dans les collines nîmoises, avec un jardin aux feuillages persistants, et une citerne pour recueillir l'eau.

manque d'exercice et de discernement, une confiture dont on tartine ses dimanches. Mes rapports avec l'univers ont toujours été, si je puis dire, d'une autre nature.

L'être du monde, « l'être au monde » qui par la suite me jeta du côté de Rimbaud, brûlé vif auquel je vouais une passion farouche, c'est la révélation de la Bonne Nouvelle. Il n'y aura plus désormais pour cet enfant de huit, dix, douze ans d'autre désir, d'autre certitude que le désir et la certitude du Paradis terrestre. Fini le temps de la Cité et de ses impostures, des après-midi carcéraux, des dimanches sans espoir où l'ennui provincial rôdait le long des rues comme un chien désœuvré.

Désormais, je saurai faire d'instinct la différence entre ce qui est et ce qui pourrait ne pas être. Entre un brin d'herbe poussé entre deux pierres par cette force opiniâtre qui nous a fait surgir du néant, et les beuglements de l'Histoire. En somme, j'ai appris de bonne heure que l'imbécillité, c'était de prendre pour argent comptant des mots, des axiomes, des principes qui ne renvoyaient qu'à eux-mêmes, et de rester sourd aux sollicitations des sens, à leurs interrogations infaillibles.

La musique amplifiait mes impressions, elle était ma langue maternelle, je lui devais mes premières émotions, et cette géographie intérieure qui s'incarnait dans ce jardin paré de mes enchantements antérieurs. La musique avait été le chemin le plus court entre moi et le monde. Il était fatal que les mots en devinssent le plus ardu.

Pourquoi, comment les mots se sont-ils glissés en moi, instruments ingrats, besogneux, lourds d'un sens impropre à l'exercice de l'indicible, alors que mes sens déchiffraient si librement ce que le monde avait à me dire ? Probablement parce que ma vie, *ma vie réelle, s'entend*[1], n'a duré qu'une dizaine d'années et que je suis mort vers mes dix-sept ou dix-huit ans aussi brutalement que j'étais né à huit.

Dès la fin de cette adolescence paradisiaque a commencé l'histoire d'une chute. D'une déchéance travestie en victoire : écrire, pour moi, ce ne sera jamais que prolonger une existence mutilée par des moyens aussi artificiels, aussi précaires que ceux qu'on utilise en réanimation. L'oxygène et la nourriture m'arrivent par les livres. Je survis comme un moribond bardé de tuyaux. A peine si j'entrevois le feuillage des arbres de l'autre côté de la fenêtre. Aller et venir sans un fil à la patte m'est interdit. J'ai perdu l'odorat, le goût, le toucher du vent frais sur mes tempes. Ce n'est pas moi qui parle, mais la machine de l'espoir que la vie s'acharne à maintenir en état de marche. Mes romans, si peu que j'en écrive – me l'a-t-on assez reproché –, affichent parfois un optimisme qui n'est que du désespoir reconverti – comme on fabrique des planches avec leurs propres déchets.

De ces dix ans, que pourrais-je dire ? A peu près rien sans inventer. On ne se souvient pas, on fait semblant, on imagine. Ce sont les blessures qui parlent, qui s'ingénient en vain à reconstituer les allégresses, les éblouissements disparus qui les ont

1. André Breton, *Manifeste du surréalisme.*

provoquées. Je suis un enfant de l'été et de la sécheresse. Le soleil du Sud, le soleil latin m'a donné la vocation de l'éternité. Promenades incessantes avec mon père à travers ces garrigues gravées dans le métal, rebelles aux changements de saison. Nous parlions de musique, d'insectes, de plantes, nous évoquions les grandes philosophies de l'Antiquité sous cette lumière impériale qui avait participé à leur naissance. Nos sentiers étaient ceux de l'espoir : c'est avec nos pieds, nos errances que nous interrogions l'existence du monde et sa raison d'être. Ne rien accepter comme allant de soi, c'est cela qui allait de soi. Mon père, respirant à pleins poumons l'odeur volumineuse des plantes orientales, quand midi tremblait sur les collines décomposées par la chaleur, justifiait notre présence incompréhensible sur la terre, les galaxies nocturnes que nous observions, le soir, allongés sur la tiédeur des pierres. Enivrés d'une fatigue qui nous portait comme un alcool, nous retrouvions le jardin, où tombait des ombrages une fraîcheur d'église. Parfum d'anis et de réglisse, quand nous buvions des verres d' « Antésite »; l'eau était de citerne, et la lumière, une flamme de lampe à pétrole autour de quoi tourbillonnaient les papillons de nuit. Je finis par douter du principe selon lequel être, c'est savoir qu'on est : je n'ai jamais connu de vie si profonde qu'à cette époque où je n'existais qu'à travers la présence légère des choses – des parfums et des sons qui tournent dans l'air du soir ; à l'écoute des crépuscules, mon père évoquait invariablement Baudelaire : avait-on jamais dit les choses plus simplement ? O Monde, que je t'aimais, jusqu'à étreindre le tronc des arbres, jusqu'à poser mes lèvres sur les pierres encore chargées de la chaleur du jour. Tes nuits saupoudrées d'étoiles, emplies de signes qui répondaient à un désir plus profond, plus grave que la passion pour les êtres, qui survient, comme un lot de consolation, lorsque tout est perdu. Un ver luisant dans la main, accroupi sous un massif de lilas, à l'heure intime où voletaient les premières chauves-souris, je prenais racine, pareil à une plante, dans un univers qui ne nous doit rien.

Certes, j'avais déjà commencé à griffonner, vers mes treize ou quatorze ans : non des poèmes, comme il arrive le plus souvent, mais des récits où je mettais en scène mes ferveurs, mes nostalgies : c'est que déjà je regrettais de ne pouvoir réunir dans un seul paysage mental tous les instants de la création. Les messages que glissait le vent de l'aube sous la porte me semblaient provenir des commencements du monde. Remonter aux origines est sans doute une obsession commune à la plupart des sensibilités insatiables. J'étais sorti de mes limbes à huit ans, mais ma naissance, je la sentais contemporaine des premiers balbutiements de la vie. Le lien fraternel qui me liait au monde était, somme toute, la conséquence naturelle d'une parenté physiologique que tout, de notre éducation, de nos mœurs, conspire à négliger.

Je nous savais fils de l'étoile, de l'herbe, de la mer, et même du règne minéral, bien avant que la science ne m'en fournisse les preuves, que la philosophie ne consente à effleurer la question – encore qu'elle n'ait guère progressé dans un domaine jugé indigne de ses ambitions.

Ce qui me paraît curieux aujourd'hui, c'est le rôle extraordinairement révélateur que la musique a joué dans ma découverte du monde. Il y avait Ravel, Debussy, Fauré, et puis les autres qu'à l'époque je considérais comme des raseurs. Je m'accommodais mal des pleurnicheries, des aveux prolixes, des épanchements que la musique n'a que trop tendance à faciliter, tombant volontiers, par sa nature même, du côté où le cœur chavire : « Des sentiments, toujours des sentiments, comme s'il n'y avait que cela dans le monde [1] ! » Pour la première fois, notamment avec Debussy, la musique s'émancipait de ses lyres, et s'en allait à travers bois et chemins, mer et ciel, cueillir des instants éphémères, les « subtiles impressions de l'air », jusque-là laissés-pour-compte. Debussy, premier compositeur « existentiel », racontait le monde en même temps que le regret d'en être infiniment séparé. Ravel menait parallèlement sa quête raffinée, créant ces « sites auriculaires », selon ses propres termes, par des moyens harmoniques d'une subtilité inouïe. Aristocrate jusqu'au bout des ongles, écorché vif chez qui le laconisme le disputait à un lyrisme acéré et cruel, Ravel restera pour moi cet enfant navré à qui Rimbaud semble avoir dédié son ultime regret : « Si je désire une eau d'Europe, c'est la flache noire et froide, où vers le crépuscule embaumé, un enfant accroupi, plein de tristesse, lâche un bateau frêle comme un papillon de mai. »

1. Flaubert, *Bouvard et Pécuchet.*

Souvent on me demande quels sont les auteurs qui m'ont communiqué la folie de l'écriture (et à quoi bon écrire s'il ne s'agit pas de folie?). Flaubert, que mon père m'avait mis très tôt entre les mains, bien avant les Giono, Faulkner, Melville, Buzzati, Jünger, Gracq, auxquels j'ai toujours voué un attachement inconditionnel, Flaubert m'a poussé dans le piège le plus redoutable qui guette l'écrivain : considérer l'écriture comme une fin en soi. Qu'on évoque un pharmacien enflé de sottise, une provinciale qui meurt d'ennui, un perroquet empaillé, deux idiots éblouis par la connaissance et ses applications caricaturales, ce qui compte, c'est la beauté et l'exactitude avec lesquelles les mots sont assemblés : Flaubert, ou la tragédie de la virgule. Sans doute tout art procède-t-il plus ou moins de cette obsession. Flaubert a poussé celle-ci jusqu'à la démence, au bout de laquelle se profilait le règne de la glace et du silence. Le silence, les procès d'intention, l'inquisition des malins, la stérilité érigée en dogme. A ce parrainage toxique, la musique ajoutait ses sortilèges qui ne pouvaient que desservir la cause des mots.

Avec le recul, je considère que mon désir d'écrire doit beaucoup plus à la musique qu'aux livres. Et à Ravel plus qu'à quiconque. Écrire relève du coup d'État, de la prise de pouvoir par la force. C'est poursuivre la lecture des œuvres qui nous ont fasciné en y substituant nos propres démons. Le portrait de l'Artiste par lui-même va détrôner les idoles qui lui ont servi de modèle. Mais j'étais bien mal parti pour fonder mon empire, en délimiter les frontières. Je ne sais si les mots exercent un pouvoir sur le musicien.

C'est possible, mais pour une faible part, me semble-t-il. Quant à l'opération inverse, qui consiste à passer du domaine de l'envoûtement pur, improuvable, sans référence aucune, à celui des significations, cela revient à bâtir un mur avec de la fumée. Car il ne s'agit pas de faire de la musique par le moyen des mots : la flûte y convient mieux que la plume, et ce mélange des genres fait injure à la spécificité d'un art. Il s'agit de suggérer, par des mots, des situations, des personnages, ce que la musique évoque au-delà des mots, des situations, des personnages. L'alchimie sonore peut tout se permettre dans l'élément où elle évolue, elle n'a de comptes à rendre qu'à ses propres lois, non à la logique des choses. Mais en littérature, un chat est un chat : vous n'en sortirez pas, même si votre chat est unique au monde.

Lorsque j'écoutais le *Quatuor en fa*, ou *Le Tombeau de Couperin*, de Maurice Ravel, je frôlais l'asphyxie : ces impressions intraduisibles me prenaient à la gorge, me sommant de trouver les mots qui me permettraient de les exprimer. Je devinais qu'il fallait recréer un univers parallèle qui, par d'autres moyens, obtiendrait un pouvoir de suggestion comparable. La tâche était insensée : déjà tous les mots me paraissaient gris. Confrontés à la musique, ils tombaient en cendres. Page après page, je me glissais dans des sentiers qui aboutissaient tous à la même impasse. La vie devait se charger de régler l'insoluble à ma place.

Lorsqu'il m'arrivait, par aventure, de songer à l'avenir, immédiatement je lui tournais le dos et je me repliais farouchement dans mon enfance. Devoir grandir m'épouvantait. L'idée de ma première cigarette, des pantalons longs, de l'audace devant les filles, de l'uniforme à endosser au moment du service, me nouait la gorge jusqu'à la nausée. Le monde des grandes personnes (à cette époque-là, le terme « adulte » ne sévissait pas encore) m'apparaissait sous un jour lugubre, brutal, scabreux – impraticable. Comment pouvait-on se plier à toutes ces singeries? On fumait. On soufflait des haleines lourdes. On ricanait de tout. On ne s'étonnait de rien. On exhibait des bagues en or, des dents en or, des médailles, des étoiles, toute la quincaillerie conquise dans les tranchées ou entre la poire et le fromage, des stylos à plume en or avec lesquels on signait négligemment des chèques; il y avait beaucoup trop d'or et de sourires entendus. Des créatures impénétrables trônaient derrière les bureaux, distribuant blâmes et récompenses, tenant la vie à distance, tare éhontée. Déjà, au collège, l'aplomb ou la servilité de mes condisciples me disaient assez éloquemment que cette farce ne me concernait pas. Je n'étais ni révolté ni soumis : ailleurs. Mes notes trimestrielles se ressentaient de cette démission. Dans ses mauvais jours, ma mère, craignant le pire, c'est-à-dire le désordre, l'aventure, le défi, se lamentait : « Cet enfant finira dans un port louche en vivant d'expédients. » Bouche d'ombre sans le savoir, elle me prêtait un destin de poète maudit.

Mon père, attentif, perplexe, réservait son pronostic. « Tu me prolonges », me disait-il, ayant épluché mes premiers écrits. C'était une approbation discrète. Lui-même avait souffert d'avoir attendu trop longtemps pour utiliser sa baguette. Il m'observait, partagé entre la crainte de me voir à la traîne et celle d'étouffer un feu capable d'aider à forger l'avenir. J'avais quinze ans. Je ne foutais plus rien. « Mais qu'est-ce que tu deviendras, plus tard, si tu continues comme ça! » Quelques années avant, j'avais répondu à cette question sinistre en me réfugiant dans un terme vague : « jardinier de campagne ». Ce pléonasme m'offrait une double protection contre les spectres que j'abhorrais : vie recluse, horaires fixes, encadrements, hiérarchie, courbettes, croche-pieds... Qu'allais-je m'empoisonner la vie à jouer des coudes pour m'y frayer un chemin alors que je n'avais qu'à me baisser pour récolter sur mon propre chemin des trésors qui ne coûtaient rien?

Mais je grandissais, et la question de l'avenir rôdait de plus en plus souvent dans les conversations. Je m'imaginais languissant derrière un bureau, ou bien dans la marine – phantasme maternel –, devant des élèves, vendant des disques dans la boutique fondée par mon grand-père : le client entrait, j'allais à sa rencontre, un sourire imbécile plaqué sur la figure : cette image me harcelait comme une épreuve épouvantable. Ou « rabotant des pianos », dernière trouvaille de ma mère pour fustiger ma paresse. Tout cela finissait par des sueurs froides. Ce n'était pas le fait d'exercer un métier qui me rebutait le plus, encore que le choix à faire me provoquât des crampes intestinales. C'était la fréquentation de mes semblables. Le genre humain entier était mon ennemi. Je voyais la société comme un tribunal devant lequel j'aurais à comparaître. Je dissimulais une maladie honteuse, un crime inexpiable : moi. Comparé à autrui, je me haïssais suffisamment pour être pétri d'un orgueil dont je n'ai pris conscience que le jour où ce que je considérais comme des faiblesses m'a obtenu le succès. Cette honte de moi-même, qui de bonne heure m'a fait préférer à tout la solitude, entraînait un mépris au moins égal envers ceux qui jouaient le jeu, les « forts vivants hennissants », ainsi que l'écrivait Montherlant. Si j'ai refusé de remplir mes obligations militaires [1], de passer des examens, de gravir des échelons, de jouer du couteau dans les couloirs et les antichambres, c'est finalement parce que j'en voulais à la terre entière de s'être lancée dans l'édification d'une consternante caricature du Royaume. Le Royaume? Tout simplement la vie en ce qu'elle a d'irremplaçable; cet accord viscéral entre le monde et nous. Notre alliance avec la beauté, malgré la mort et le temps. L'état de grâce qui nous incline à penser, quel que soit l'inconfort de notre condition, que le monde est notre paroisse et que nous ne sommes pas ses bâtards accidentels, mais ses enfants légitimes.

L'art seul y plongeait encore ses racines – comme l'herbe innocente, l'air frais sur les tempes, épargnés par cette tragédie risible et sans issue qu'on appelle l'Histoire. Que la vraie vie fût ailleurs, je l'ai flairé trop tôt pour ne pas me braquer contre tout ce qui en interdisait l'accès.

Un matin de mai, comme nous avions poussé plus loin que d'habitude une de nos explorations à travers

1. Réformé RD2 pour « neurasthénie »...

ces bois secs, qui moutonnaient à perte de vue, au nord de notre mazet, une prairie nous était apparue, miraculeusement verte, frisée par le vent frais comme la surface d'un lac; un talus la bordait, tout éclaboussé de petites gouttes de sang par des pois de senteur. Au loin, vaporeuse, incertaine, une montagne flottait entre ciel et terre. Tout, du paysage aux vastes mouvements, du vent frais qui promenait sa houle sur les herbes, de cette montagne légère qui semblait à peine exister, confondant son bleu avec celui du ciel, tout conspirait à parler de départ, de claquements de voile, d'horizons inédits, de tout ce que le cœur s'obstine à désirer au-delà du visible.

C'est peut-être ce jour-là que j'ai atteint les limites de mon enfance, en même temps que celles de nos errances, comme si ces bois déserts que nous avions arpentés pendant des années venaient de nous livrer leur secret. Ma vie s'étendait, sans que j'en sache rien encore, entre le jardin magique où elle avait commencé, et cet « Aigoual » entrevu au loin, qui devait en situer l'apogée. De là, sans doute, me vient cette relation singulière que j'ai toujours entretenue avec l'espace, comme si celui-ci était du temps figé : je déchiffre l'espace comme on feuillette les étapes d'une biographie.

On sait que paradis signifie jardin clos. Du moment qu'on tend le cou par-dessus les murs, c'est qu'on a besoin d'autre chose et que le mal est déjà fait. Peut-être l'est-il de naissance après tout, et l'interprétation biblique – la faute originelle – vaut bien d'autres élucubrations plus savantes. Quoi qu'il en soit, c'est ce jour-là, et pas un autre, qu'au retour de cette promenade mon besoin d'écrire est devenu obsession quotidienne : cette montagne avait décelé en moi un vide à combler. L'affaire était entendue : je vivrais une plume à la main, dans les bois de préférence, le plus loin possible du siècle, qu'on se le dise et qu'on me fiche la paix.

J'avais quinze ans. Je ne savais à peu près rien de ce qui se passait au-dessous de la ceinture. Les filles me flanquaient la trouille, avec leur expérience innée de la grâce et de la férocité, celle du gibier qui attend son heure pour devenir chasseur.

La France commençait à m'agacer. Au moindre mouvement, on s'y cognait à des valeurs pesantes, on y sentait partout des odeurs rances, de tombe ou de musée, on y manquait d'espace, province rabougrie qui ne cessait de rabâcher indéfiniment son histoire, de bégayer son présent sous la férule d'un passé tyrannique, de négocier son avenir avec des monnaies périmées. En mai 1940, la nation avait déposé son bilan pour avoir tiré sur une victoire à la Pyrrhus (la guerre de 1914) des chèques sans provision. Un général chatouilleux, entouré d'une poignée de disciples, ne suffirait pas à effacer la trace de la gifle : l'équipe de France de football, qui ne sait pas finir ses matches de Coupe du monde au couteau, m'inflige, depuis l'Espagne ou le Mexique, de cuisants rappels de notre infirmité dans les coups durs : nous

nous félicitons de ce que nous aurions pu faire, et n'avons pas fait. « En France, notait André Frossard, chaque revers a sa médaille. »

C'est du côté de l'Amérique que le débarquement du 6 juin et la Libération m'invitaient à regarder. Les forêts du Nouveau Monde me hantaient, de l'épopée du *Mayflower* jusqu'à la formidable machine guerrière qui nous avait rendu la liberté. L'Amérique, surgie d'un rêve, comme le voulait André Breton, me donnait à rêver. Elle était la jeune maîtresse avec qui je trompais une Europe fripée.

Mon cœur, dédaignant les broutilles, visait haut : les blondes en décapotable que le cinéma d'outre-Atlantique épinglait sur les murs de ma chambre. Lana Turner, avec quelques autres beautés étincelantes et veloutées, incarnait la double figure de l'Astre à éblouir – exploit vertigineux – et de la célébrité entre les bras de qui cocufier tout le genre humain. Les arbres de notre mazet portent encore la trace d'initiales prestigieuses sur lesquelles se posaient mes lèvres d'adolescent.

C'est que l'écriture dissimule – si elle n'en est pas la conséquence la plus explicite – des convoitises autrement féroces que celles satisfaites par le pouvoir. Passer, grâce à la seule manipulation des mots, par-dessus la tête des besogneux pour étendre son empire à la planète entière. A quoi bon commander, si c'est pour demeurer l'esclave de ceux qui vous obéissent ? Entre Chateaubriand et Napoléon, comment hésiter une seconde, surtout si l'orgueil se fait fort de se passer des autres pour aboutir à ses fins ?

Quand on s'attelle, le recul aidant, à l'autopsie

d'une vocation, on est effaré d'y trouver pareil bric-à-brac d'élans de cœur et de rapacités insatiables. L'innocence le dispute à la ruse, la fraîcheur à la canaillerie, l'humilité à cette volonté de puissance qui permet au génie de l'enfance de s'acquérir vaille que vaille un talent.

Moi qu'une touffe d'herbe faisait agenouiller, qui avais épousé la cause des sens et du merveilleux, au détriment d'ambitions plus rentables, j'avais une formidable quantité de vengeance à assouvir ; la rage m'invitait à éblouir un monde que j'exécrais. La rancune se révèle à l'usage le moyen le plus efficace de devenir ce que l'on est.

C'était en mai, un soir, vers la fin des années quarante, ou peut-être au début des cinquante. Comme je pénétrais dans le jardin féerique, à l'heure où la fraîcheur monte des herbes folles, où le printemps dévoile sa fragilité, où sa douceur se fait poignante, une sensation de vide m'étreignit soudain le cœur, atroce, implacable, écœurante comme le malaise de celui qui va vomir son âme, m'expulsant de moi-même, plante arrachée que soudain sa vitalité abandonne.

Pourquoi si vite ? Quelle anarchie des sens, des nerfs, quel dérèglement avait provoqué ce désastre de façon aussi brutale ? Comment, en quelques secondes, peut disparaître tout ce qui fait la vie belle et bonne, pourquoi cette perception amputée tout à coup de sa profondeur ? Le monde, mon beau fruit, venait de pourrir d'un coup au fond de ma poitrine. Tout ce que je regardais était plat. Ce n'est pas une image, un effet de plume : aussi plat que peut l'être un mauvais décor de théâtre. Plus rien n'avait relief ni consistance, tout était absent, lointain, inaccessible : ces odeurs que je respirais, lilas, spirées, fusains, herbes douces, encens résineux, privés subitement de leur identité, mon odorat n'étant plus capable, depuis ce temps, que de tris grossiers.

Ma condamnation à mort, au temps, venait d'être prononcée, et, pis encore, à l'exil. J'ai longtemps essayé de comprendre, m'acharnant contre cette disgrâce, refusant d'accepter cette infirmité.

Que n'ai-je, pour exprimer ce mal, écrit ces lignes moi-même : « Le monde lui paraissait soudain inexprimablement étranger, indifférent, séparé de lui par des lieues. Et il lui semblait que tout ce qu'il avait sous les yeux se liquéfiait, s'absentait, évacuait cauteleusement une apparence encore intacte au fil de la rivière louche et huileuse, et désespérément, intarissablement, s'en allait – s'en allait [1]. »

Je crois avoir compris aujourd'hui la raison de cette amputation par le glaive. Mon père avait une cinquantaine d'années, il semblait tout aussi neuf que je l'étais avant ce soir de mai : je l'observais à la dérobée, hésitant s'il devait cette jeunesse à une santé de fer ou à une robuste inconscience du malheur d'être né – aux deux, probablement. Chez lui, pas de vers dans la pomme, une pomme qu'il n'avait probablement pas croquée : il croyait en un Dieu intelligent et généreux qui avait façonné le monde pour que les hommes y fissent le bien, y soient heureux s'ils le faisaient. L'irrationnel nourrit dans l'être une inébranlable confiance. Au-dessus de cette nappe souterraine croissent et se multiplient toujours les arbres du paradis. Le problème insoluble du mal

1. Julien Gracq, *Un balcon en forêt.*

ne s'était jamais posé à lui, grâce à cette faute originelle en laquelle il croyait : Adam avait trahi, il était naturel que ses descendants en subissent les conséquences. Outre une santé insolente qui rend son bénéficiaire égoïste, ou en tout cas imperméable aux interrogations meurtrières. Je l'imaginais effleuré par un doute, et chassant celui-ci comme une mouche importune. Le sol ne s'était jamais dérobé sous ses pieds. Les aubes fleuries de lavande et de thym jamais ne lui avaient fait faux bond : il n'eût pas supporté cette épreuve, son corps et son esprit constituaient un bloc suffisamment étanche pour la lui épargner.

Moi, l'efflanqué, affecté d'une mémoire aiguë, c'était une autre affaire. J'avais goûté à la saveur du monde, étanché ma soif à sa source, mes enchantements m'avaient entraîné si loin qu'ils avaient remis en cause le statut consenti à l'homme sur la terre – par Dieu ou par les nerfs. Planter sa tente au paradis est sanctionné par la loi. La nature de ma sensibilité devait être telle que l'allégresse dont elle était capable ne pouvait que contracter une dette à la mesure de cette démesure. Nul n'ignore qu'on ne guérit pas de son enfance, et qu'on en guérit d'autant moins qu'on s'acharne à la vouloir conserver quand celle-ci a tout brûlé sur son passage, d'un feu si dévorant que rien ne saurait ensuite repousser, et la vie devient ainsi un désert. Chassé du paradis un soir de mai, je campe depuis à sa porte, j'attends, je me nourris de miettes – un instant où me revient une bouffée d'autrefois, à peine de quoi aligner quelques minutes dans toute une vie tyrannisée par la mémoire, une vie dont je n'aurais que faire si je n'y entretenais pas l'espoir de regagner un jour mon sol natal, fût-ce par la mort, ou réincarné dans le corps de quelqu'un d'autre, comme il m'arrive de le rêver.

Le temps et la mort, main dans la main, me firent désormais cortège. Étés de plus en plus brefs, à peine sensibles depuis ma déchéance. Printemps furtifs, automnes interminables. Le soleil qui chauffait ma peau n'était plus le soleil. Il eût fallu un autre mot pour désigner cette boule de feu absurde dispensant en vain chaleur et lumière, puisque le monde avait perdu sa raison d'être. Tout n'était à mes yeux qu'une apparence répétitive, un décor disloqué, l'amer reflet d'une réalité à jamais disparue. J'arpentais les sentiers d'autrefois : mon père ne nous avait pas encore quittés pour vivre avec une autre femme, mais c'était moi qui avais quitté tout le monde. Nous marchions côte à côte, dans l'air frais du petit matin. Nous parlions. Qui parlait à ma place ? J'étais si loin, extérieur à tout. Les choses se brouillaient devant mes yeux, ainsi qu'elles font à travers un objectif dont la mise au point laisse à désirer. Les sons me parvenaient comme étouffés par la distance – une distance qui n'eût pas concerné l'espace, plutôt un éloignement intérieur. J'étais opaque, verrouillé sur moi-même à double tour. J'entendais ma voix bourdonner sourdement à mes oreilles : il semblait que tout mon corps fût bourré de coton. Un corps qui semait l'épouvante dans mon esprit.

Dès cette époque, je connus l'insomnie, les montées d'une angoisse livide, les sueurs qui précèdent l'arrêt du cœur. Je détalais à travers bois, pour semer le malaise. J'avalais des comprimés sans effet. Les médecins que je consultais y perdaient leur latin. Je ne digérais plus. Ma maigreur devint si effrayante qu'on m'eût cru sortant d'Auschwitz. J'évacuais la nourriture sous forme d'une eau rougeâtre, au point qu'on songea au cancer. Les radios ne révélèrent rien d'alarmant, sinon que je me vidais comme un cholérique. Pendant dix ans, je fis liquide, me croyant condamné à mort par un mal incurable et indécelable. Nuits blanches, jours convulsifs se succédèrent sans relâche, jusqu'à la découverte de nouvelles drogues dont je dirai plus loin les méfaits. Je ne vois pas l'intérêt de m'étendre davantage sur ce chapitre, et vais le conclure en quelques mots.

Il y aurait désormais la Chute, l'adieu au monde, l'adieu au Sud et à ses magies. Avant la chute, la vie extasiée. Après la chute, l'enfer d'un corps rejetant le monde et sa nourriture, par la faute d'un esprit trop vorace que le monde avait rejeté. Il n'est rien, de l'existence, qui n'apparaîtra ensuite, depuis cette enfance coriace et cependant destituée de ses pouvoirs, que comme de la frime, du bouche-trou.

Le temps s'était mis en marche. Il ne me restait que des mots. Eux seuls semblaient résister à cette débâcle. La musique m'écorchait vif : tout était si loin ! Elle ne faisait qu'accroître la distance qui me séparait de moi-même. Il n'était plus nécessaire qu'elle ajoutât ses morsures à mes propres blessures. La maladie – mais quelle maladie ? je continue à me demander si je n'étais pas tout simplement plus vivant que les gens gratifiés d'une bonne santé, vivant et heureux de l'être au point d'en tomber malade par excès de mémoire, excès d'exigence envers un monde gouverné par le temps, lacéré par le temps, sans cesse « mordu au cœur par ce qui a été [1] » –, la maladie faisait de moi une symphonie sur le mode mineur. Tout ce que j'avais engrangé au cours de ces années d'opulence et d'éblouissements, je n'avais plus qu'à en moduler la perte : c'était ma propre musique. Les mots venaient seuls sous ma plume. Je n'avais plus à exprimer l'indicible, mais son éloignement ou sa

1. Julien Gracq à propos de Chateaubriand.

disparition. Le bonheur n'est pas facile à dire. Présent, il nous comble. C'est son absence qui nous jette sur le papier. L'écriture est née à l'est d'Éden, non dans ses jardins où règne la plénitude. Ma stupeur était telle, devant l'irrémédiable, qu'elle obtenait une éloquence que lui eût refusée la joie.

Jeter un pont entre un présent désert et un passé luxuriant, c'était désormais la seule activité qui me parût capable de fournir un sens à mon statut d'estropié.

Je me retirais au fond du jardin, et, dès le matin, j'écrivais sur une petite table de fer gondolée. Quand parfois deux termes jaillissaient ensemble sous ma plume, l'un et l'autre spontanément liés par une obscure complicité, une bouffée d'espoir me montait au cœur, je me sentais revivre : l'autre monde était toujours là, quelque part, dans les dédales de la mémoire, et la rencontre heureuse de quelques mots suffisait à le ressusciter. Les arbres qui m'entouraient, les verdures, fleurs, murs tapissés de lierre, la fraîcheur des ombres, c'est en moi qu'ils survivaient, et leur image obsédante s'interposait entre mon œil et leur présence réelle, détruite par le mal bizarre dont j'étais victime.

Mais la vie était là, et tout d'elle me dégoûtait, sauf à écrire mon dégoût et célébrer mes transports d'autrefois. Mais on n'est pas sérieux quand on a dix-sept ans : faire métier de sa plume, il fallait être fou – à moins de naître bien renté, ainsi que l'ont été nombre de grands auteurs jusqu'à l'effondrement des valeurs fiduciaires. Nous n'étions pas précisément très argentés, et il fallait, malade ou pas, me résigner à la gagner, cette vie que j'avais perdue. Je voyais grandir l'ombre vénéneuse du baccalauréat, considéré, « affreux petit examen », comme une humiliation par ma rage de ne me soumettre à aucune loi dont je ne fusse le fondateur. Outre que, dans l'état de détérioration où j'étais, mieux valait esquiver l'obstacle que s'y briser les dents, et perdre la face devant témoin.

J'avais un casier judiciaire chargé : tout ce que la ville comptait d'établissements scolaires avait subi mes frasques. On ne voulait plus entendre parler de moi, de mon inconduite, de mes talents d'artificier, de mes absences répétées – que de thermomètres chauffés contre la lampe de chevet pour garder le lit... –, de ma torpeur pendant les cours, où je n'apprenais rien, qu'à me tenir mal. Fils d'ouvriers, mes incartades m'eussent classé parmi les délinquants; mes parents étaient des artistes, j'étais donc un caractériel. Avant la maladie, enragé contre l'ordre et la discipline, j'avais tout essayé pour ruiner la patience des professeurs : ampoules de médicaments glissées dans le poêle, qui lâchait des rafales de mitraillette, semant la révolution dans la classe. Pompes à bicyclette bourrées de poudre – chlorate de potasse, soufre, charbon de bois, écraser le tout finement, bien mélanger, et aux abris! – qui explosaient après de furieux zigzags à travers les cours de récréation. Chez les Assomptionnistes, j'avais signé mon passage par une bombe de ma fabrication, déposée de nuit contre le bureau du supérieur, inquisiteur à lunettes rondes, muré dans un silence qui pétrifiait le prévenu. C'était à la Libération, on crut à un attentat communiste, mais un mouchard me vendit, et j'en fus quitte pour me retrouver à mon point de départ, ce lycée Daudet dont j'étais parti par la petite porte, cinq ou six ans avant.

Ces explosions avaient lassé tout le corps enseignant. Malgré de brillants résultats en français, en latin, en géographie, en « leçons de choses » (beau titre pour Francis Ponge), j'étais si nul dans les autres matières que je dus les engloutir toutes deux mois avant le bac. Aucun des auteurs que j'avais dévorés ne figurait au programme. Il fallait qu'un écrivain fût mort et tombé en poussière pour qu'à l'époque on consentît à pratiquer son autopsie. Les morts frais, on n'y touchait pas, crainte sans doute qu'ils ne se dressent sur leur séant, indignés par ce charcutage. Entre la culture dont j'étais imprégné et les territoires dévolus à l'enseignement, l'écart était tel que mes ailes ne me servaient qu'à tituber parmi les obstacles dont se jouaient aisément les élèves rangés.

Cette classe de première au lycée, je la passai dans les limbes, me faisant oublier des élèves comme des professeurs. L'angoisse me triturait les entrailles. Et toujours cette voix bourdonnante, ces vertiges, ces soudaines transpirations, ce cœur en déroute, la mort sur mes talons qui me faisait imaginer mes initiales sur les noirs étendards dont on drapait les seuils. J'évitais les églises. Fumées de cierges, fleurs croupies, encens s'y combinaient en un parfum de chairs tournées. Je n'ouvrais pas les journaux, de peur d'y découvrir l'annonce de mon décès dans les nécrologies. Les premières chaleurs, loin de me renflouer, multipliaient autour de moi les menaces. L'air me manquait. Le soleil blessait ma rétine, ainsi qu'il fait aux cholériques, aux pestiférés, aux gens qui se déshydratent. L'été, jadis terre d'asile, semblait désormais l'empire du néant.

Je ne franchis pas le cap de l'écrit, ayant décroché un 14 en mathématiques, lorsque je n'y comprenais goutte, et un chiffre voisin de zéro en français, où j'avais excellé durant toutes mes études.

– On vous avait demandé un buisson, et vous avez donné une forêt, déplora mon professeur de français, qui pensait voir en moi un futur écrivain. Passez donc au-dessus de ces têtes universitaires, qui n'aiment pas être dérangées, et vos œuvres seront un jour au programme des facultés qui aujourd'hui vous lapideraient.

L'hypothèse était trop flatteuse pour que ma vanité n'y vît pas un baume destiné à adoucir mon dépit. Je déclarai aux miens que je me refusais à subir un nouvel affront.

Ma mère : « Veux-tu me dire ce que tu vas faire de tes dix doigts ? Un jour tu seras peut-être écrivain. Mais comment vas-tu gagner ta vie ? »

Moi : « Je ne veux pas être écrivain. »

Ma mère : « Qu'est-ce que tu me racontes ? »

Moi : « Je veux écrire, ce n'est pas la même chose. »

Ma mère, éberluée : « Cet enfant me tue à petit feu. »

L'image que je me formais des gens qui faisaient métier d'écrire ne m'enthousiasmait pas. Il fallait s'installer à Paris. Posséder un second métier, car la littérature ne paie pas son homme – ritournelle favorite des vieux renards de la plume. Fréquenter les salons, être en situation de force pour s'imposer jusqu'au moment où la fin – c'est-à-dire l'écriture – devenait un moyen, et où les moyens dévoraient votre vie au détriment de l'œuvre à faire. L'œuvre à faire... L'expression était encore trop pesante – ou trop légère : que pesait-elle au regard des millénaires ? Quand, au cours de balades, je butais sur une ammonite, vieille de quatre cent millions d'années, je me disais que, fors les anachorètes, le genre humain exerçait sa superbe dans un mouchoir de poche. Un caillou, un rocher opposent au mouvement de l'Histoire une inertie qui semble pétrifier le temps. Le ressac de la mer qui se perpétue depuis le fond des âges efface d'un coup d'éponge brutal quelques millénaires d'hystérie collective. Le XXe siècle, roi des illusionnistes, a escamoté, du moins dans les faits, cette relativité de tout. Mais j'avais de bonne heure compris la leçon.

Aussi la volonté d'écrire – ou plutôt l'impossibilité de faire autrement – la voyais-je associée à une vie recluse, au refus de se donner en spectacle, de négocier avec son temps, peut-être à une exigence mystique mal définie, mais qui faisait de Dieu le seul lecteur éventuel capable de justifier ces petits signes dérisoires alignés les uns à la suite des autres sur du papier. Je me voulais absent, invisible, terré, mes livres, si livres il y avait, feraient le sale travail à ma place. Bref, je datais.

Mon père prenait le relais : « Ne te gaspille pas comme tu le fais. Dans quatre ans, tu atteindras ta majorité. Le temps presse, et l'art est difficile. Je ne sais plus que te dire. Tu me déroutes. »

Il me déroutait bien davantage. Je le trouvais bizarre, depuis quelque temps. Ses longs silences à table, lorsqu'il se retranchait derrière son journal. Son humeur de dogue, entrecoupée de gaietés loquaces – loquaces comme le mensonge.

Mes malaises le mettaient mal à l'aise. Sa santé les mettait sur le compte d'une crise d'adolescence, du moins elle s'y employait, quoiqu'il lui arrivât de deviner en moi des abîmes qu'il se gardait bien de sonder.

– Tu vas trop loin, me disait-il parfois lorsque nous partions dans des bois que je traversais comme un fantôme, incapable de formuler mon absence, ma dérive, mes terreurs subites, parce que je me savais désormais trop éloigné de tout pour adresser à quiconque des signes de détresse. Lui aussi s'éloignait de moi, mais pour des motifs opposés aux miens. Sa volonté de me rassurer ne faisait qu'empirer les choses, car elle me semblait fondée sur une perception quelque peu folklorique du monde. Je n'avais pas encore les moyens de lui rétorquer que les sens engagent plus que le sens, et qu'aucun raisonnement, aucune signification ne tiennent devant la détérioration subite de notre appareil sensitif.

Et ce « Tu vas trop loin » m'enfonçait la tête sous l'eau : comme si on choisissait ses déchirures! Comme si j'étais responsable de la couleur de mes yeux, de leur portée, des clairvoyances que celle-ci m'infligeait! Ignorait-il le sens du mot destin, et que c'est le caractère qui détermine celui-ci? Cet homme si intelligent, sensible, nuancé, cultivé se rangeait dans la norme, qui voit les choses à l'envers, de sorte que le confort est assuré.

– Il n'y a que le travail, concluait-il, m'invitant ainsi à poursuivre dans la voie qu'il croyait que j'avais choisie, quand aujourd'hui je vois bien que ce n'était pour moi qu'une planche de salut – la seule façon de survivre, non de tirer parti de mes dons, si tant est que j'en eusse. Mes rêves de puissance – ou de vengeance, ce qui revient au même –, j'aurais le loisir de les voir s'accomplir par livre interposé, sans que j'eusse à intervenir dans la mêlée. Je n'avais qu'un seul ennemi : moi-même. J'étais loin d'imaginer que de toutes les difficultés, ce serait la pire à surmonter.

Mes deux sœurs étaient nées, l'une en 42 – Françoise –, l'autre en 44 – Jacqueline. J'avais été le roi de la famille, aujourd'hui destitué de son trône, exilé de son royaume, et je ne savais plus, entre un père parfois rogue et fermé, une mère captivée par ces pouponnages tardifs, comment tirer mon épingle du jeu. Je me sentais de trop.

La famille, une fois morte l'enfance, est un hôtel d'arrière-saison où les rencontres se font rares. Les deuils y laissent des vides (mon grand-père était mort en février 44), des chambres se ferment, la table devient trop grande, le tissu se relâche, de nouvelles alliances aggravent le démantèlement de la tribu originelle. On ne se reconnaît plus dans des visages tendres et cependant indifférents. L'image de soi qu'on en reçoit est périmée de longue date. On parle sans écho. Chacun s'éloigne, bricole sa survie dans son coin. Il est temps de courir après d'autres étreintes.

Quatre sous en poche, je fis mon baluchon, constitué de cahiers vierges et de carnets de notes, et rejoignis à Bordeaux une fille rencontrée dans les Pyrénées. J'avais dix-huit ans, elle était mon aînée de sept ans, profession : mannequin, et le cœur sur la main. En lui offrant ma jeunesse, une jeunesse blette avant d'avoir servi, c'est un cadeau empoisonné que je faisais à cette fille plus expérimentée que moi, et par là même condamnée à voir cette jeunesse lui exploser un jour à la figure, lorsque l'élève dépasserait la maîtresse. Un an plus tard, je commis la sottise de la ramener avec moi à Nîmes. Le soir que je lui fis l'amour dans un hôtel, non loin de ma maison natale, je fus saisi comme de stupeur. L'enfance me remontait dans la gorge comme si je commettais envers elle une trahison qu'elle ne supportait pas. C'est qu'elle était toujours là, cette enfance inassouvie, elle s'épouvantait de se voir entraînée dans de scabreuses acrobaties, je ne l'avais pas exercée à franchir les étapes qui mènent jusqu'au lit, et ce lit lui faisait horreur. Je l'avais semée pour avoir cru qu'elle m'avait lâché. Mon exil bordelais n'avait fait que fortifier sa volonté de ne pas mourir, et c'est l'enfant qui a le dernier mot – sur les champs de bataille, dans la bouche des soldats déchiquetés, les lits de mort, ou les alcôves prématurées.

A Bordeaux, mes malaises avaient en partie cédé devant la nouveauté, le sexe, la distance que j'avais mis, la mort dans l'âme, entre moi et mon sol natal, mon empire détruit, mon adolescence morte. Je haïssais secrètement cette ville qui m'avait accordé une trêve. Les campagnes des environs me paraissaient molles, surpeuplées, exploitées, sans mystère. Sous un ciel encombré de pluies, comment les associer au Sud et à son cœur incendié ? C'est que je n'avais pas renoncé à reconquérir ma planète natale.

Retour chez moi, ce n'était pas une jeunesse réconciliée avec le monde qui m'attendait, mais les mêmes horreurs que je croyais conjurées par mon escapade. Les effets en furent de courte durée. Je m'étais vu contraint de me retrousser les manches et de les raboter, ces fameux pianos auxquels ma mère m'avait promis. Je vivais avec ma compagne dans une ruelle sans horizons, me levant à quatre heures du matin pour écrire jusqu'à neuf, heure à partir de laquelle mon père regardait sa montre s'il m'arrivait d'être en retard. Je ne considérais pas cette rigidité comme une injustice, ni mon salaire de deux cents francs par mois. Il me paraît aujourd'hui excellent d'être passé par où les chats s'étranglent pour que se confirme cette opiniâtreté où Stendhal voyait la seule preuve d'un talent virtuel.

La maladie (?) prenait des proportions inquiétantes. Je ne dormais que d'un œil, l'autre fixé sur mes hantises. En plein travail, lorsque j'accordais un piano dans la boutique familiale, ou replaçais l'âme d'un violon, chirurgie délicate, soudain l'étau se refermait sur ma poitrine, et, lâchant tout, je déguerpissais à travers les rues jusqu'à l'épuisement, fuyant les terreurs lancées à mes trousses. Je tiens de cette époque-là un art de la dissimulation si infaillible que rares sont ceux capables de déceler sur mon visage autre chose qu'une aménité un peu fade.

Il y a les maladies respectables : amputations, malformations, boiteries, cécité... Il y a celles qui terrorisent : cancers, scléroses en plaques, tuberculoses osseuses, et la dernière-née, associée aux turpitudes par les Tartuffe piégeant l'électeur : le sida. Et il y a celles dont autrefois on avait honte, parce que mises sur le compte des nerfs. Ce n'est pas sérieux, de trembler sans raison, de perdre la boule tout en gardant sa tête. « C'est les nerfs ! » dirait à Emma Bovary M. Homais, qui a fait souche dans la France profonde. Les nerfs, c'est vague, équivoque, peu convaincant, et du coup vous voilà classé parmi les tire-au-flanc, les mous, les velléitaires, les sans courage, les mal finis, les imposteurs peut-être, en tout cas les importuns. Le mal qui vous ravage, on vous soupçonne d'en être responsable. (Nous sommes dans les années cinquante, mais je lance un appel à ceux qui en souffrent : la situation s'est-elle améliorée ? Guère, si j'en crois mon courrier.)

Redressez l'échine, que diable ! Prenez sur vous ! *Sursum corda !* Pensez à vos atouts : si vous étiez à l'usine, hein ? En somme, vous vous payez le luxe de ne pas faire front à un trait de caractère. Les médecins vous observent d'un œil ironique ou alléché, selon qu'ils sont intègres et nuls, ou brigands et futés : client idéal, que trois mots remettent sur pied le temps de la visite, parce que la trouille l'invite à minimiser ses troubles. Ou proie facile pour le divan.

– Vous êtes un régressif. Les drogues camouflent ce qu'il faut mettre au jour.

– Lorsque j'écris... Avec difficulté, du reste...

– Je vois. Vous n'en sortirez pas. Une analyse s'impose.

Deux séances par semaine, et dans dix ans peut-être... Calcul rapide dans ma tête : de quoi m'offrir un ranch en Californie. Le résultat du divan n'est même pas garanti, et il faut payer en espèces, ne pas être remboursé par la Sécurité sociale, sinon la magie n'opère pas. Les sorciers nègres font mieux dans le genre, les rebouteux, les diseuses de bonne aventure.

Spécialistes siégeant dans des hôtels particuliers, secondés par une armada d'infirmières et de secrétaires juchées sur hauts talons, où d'emblée on vous fourre dans la spécialité maison, dont les moquettes et le décor pour défilé de mode disent la rentabilité.

– Vos mains tremblent ?

– Non.

– Vous les sentez se paralyser ?

– Jamais.

– Raideurs dans les muscles, douleurs diffuses ?

– Mais non, vous dis-je. Je ne dors pas. Je ne vis pas. Je crève d'angoisse. Je songe à disparaître.

– C'est bien ce que je pensais : vous êtes spasmophile.

Ordonnance : mésothérapie, phytothérapie, exclusivité d'une pharmacie parisienne. Analyse : exclusivité d'un laboratoire parisien.

Cela paraît si caricatural qu'on hésite à le publier.

Le poumon, vous dis-je, le poumon!

A quoi me raccrocher ? Autour de moi, tout devenait irréel ou me faisait horreur. J'avais besoin d'un amour qui fût suffisamment inaccessible pour ne pas me désabuser. D'une légende, en somme. A propos de Christophe Colomb et de la découverte de l'Amérique – l'Amérique! le mot me sautait au cœur comme le nom de la bien-aimée –, André Breton avait déclaré que « l'imaginaire est ce qui tend à devenir réel ». Légende accomplie par les pèlerins du *Mayflower,* par les squatters, les chercheurs d'or, les chasseurs de bisons, tous ceux qui avaient tranché net le cordon ombilical avec la vieille marâtre Europe.

J'écrivis un roman de six cents pages. C'était une ébauche trop lourdement chargée d'un roman que je devais publier plus tard. *La Mort dans l'âme,* tel eût été son titre si Sartre ne l'avait utilisé dans *Les Chemins de la liberté.* Le jugeant illisible, j'en fis une flambée : j'ai toujours eu la rage de détruire mes traces, mes ébauches, mes étapes, comme l'assassin derrière lui. Je déteste être pris en filature par mes propres déchets. Enfin, je me lançai dans une ambitieuse épopée : *Les Forêts du Nouveau Monde.* J'y disais mon amour pour l'Amérique. La Libération nous avait apporté avec les fils de la riche cousine un parfum de jeunesse enivrant pour une Europe rongée de démons, écrasée sous ses décombres. Enfant, j'avais longuement voyagé à travers tout le continent américain et canadien, grâce à Fenimore Cooper, Jack London, Herman Melville, Mark Twain, Edgar Poe, Margaret Mitchell... Enfin les plus récents, ceux que je lis et relis sans cesse depuis trente-cinq ans : Sherwood Anderson, Theodore Dreiser, Hemingway, Steinbeck, Faulkner – celui qui m'embrasa le sang pour sa guerre contre le temps –, Fitzgerald, Caldwell, Capote, Salinger, Styron, Updike... J'en oublie, la liste serait trop longue.

Comme je nous sentais pauvres, étriqués, emphatiques, besogneux, devant le cinéma d'outre-Atlantique – de Capra à Pollack, de Chaplin à Woody Allen. Comment ne pas sentir un sang neuf me battre dans les veines, réchauffer mon cœur glacé, en écoutant le jazz, musique insolente, généreuse, disant ses nostalgies, ses tendresses, avec une désinvolture épargnée par le sentiment de l'irrémédiable que me communiquait Ravel – de Satchmo le Magnifique à Charlie Parker, d'Art Tatum à Oscar Peterson (plus récent, celui-ci, et canadien) ?

Les passions ne se peuvent ni justifier, ni expliquer : on ne peut pas croire ce que l'on prouve, on ne peut pas prouver ce que l'on croit. A peine si l'on parvient, si l'on se risque à les formuler.

Lorsque des têtes à principes me parlent du massacre des Indiens (qui m'indigne), de l'impérialisme américain (seule nation à être devenue une puissance sans l'avoir voulu, ainsi que le notait Malraux), je leur conseille de se rafraîchir la mémoire en remettant à jour la connaissance de notre propre passé. L'histoire de l'Europe illustre une interminable boucherie fratricide. Celle de la Méditerranée, une effroyable suite de conquêtes et de génocides, d'hégémonies sanglantes. Peut-être nous autres, gens du Sud, n'avons-nous pas tout à fait digéré notre colonisation par le Nord brutal et industrieux. Les fous d'Amérique, selon le beau titre d'Yves Berger, sont ici plus enclins que d'autres à désirer l'Ailleurs et ses promesses accomplies, la Terre promise, le Paradis perdu, pour s'être sentis, perçus comme évincés d'une patrie mensongère, imposée par le glaive plus que par les traités. De là cette tendance à redresser la tête et à chercher, au-delà de nos halliers et de nos vieux murs, des horizons plus vastes, des terres plus aventureuses – des musiques, des proses, des images délivrées des tutelles d'une Europe exténuée qui n'a pas pu mettre entre elle et sa trop longue histoire l'espace d'un océan.

Ces *Forêts du Nouveau Monde* allèrent également au feu – sauf un chapitre, publié quelques années plus tard, par les soins de Giono, dans les *Cahiers de l'artisan*, où ses premiers écrits avaient paru dans les années vingt. Je détestais tout ce qui sortait de ma plume, et jusqu'à la forme de mon écriture. Savoir accepter ses limites est une longue et cruelle entreprise.

J'allais au cinéma, parfois moins sensible au jeu des acteurs, à l'histoire elle-même, qu'à la simple présence d'arbres, de terre, de pierres, de baraques disloquées, de façades écaillées, parce que c'était le continent américain qui me parlait à travers le décor. Tout m'y semblait transposé, depuis les mœurs encore marquées d'une épopée récente, jusqu'à la nature des choses, et je n'étais pas loin de croire que les Américains étaient immortels, tant ils me semblaient d'une essence renouvelée, sinon supérieure à la nôtre. Cette nation n'avait jamais connu d'autre régime que la démocratie. Même bancale, celle-ci finissait toujours par l'emporter sur les vieux spectres que nous autres, Européens, n'avons jamais réussi à conjurer.

Pourquoi n'ai-je pas sauté dans un bateau sur

lequel j'aurais vu poindre un beau matin à l'horizon la statue de la Liberté ? Pourquoi ne pas avoir déserté un monde qui m'avait quitté ? Parce que le lien qui m'attachait aux miens, au Sud profond, frère de l'autre Sud dont l'Amérique m'avait fait don, à quelques arpents de garrigues désolées, était d'une autre nature que larmoyante et sentimentale. Il s'enracinait, ce lien, dans mes profondeurs les plus inaccessibles, celles où l'enfant se cramponne, qui refuse de s'incliner devant les prétendues fatalités de la condition humaine, celui qui nous murmure à l'oreille que tout n'est pas perdu, que les miracles sont possibles et que hors de chez nous point de salut. L'enfant-espoir, seigneur et maître de notre destinée, celui auquel André Breton a donné la parole, dans la *Confession dédaigneuse* : « Absolument incapable de prendre mon parti du sort qui m'est fait, atteint dans ma conscience la plus haute par le déni de justice que n'excuse aucunement, à mes yeux, le péché originel, je me garde d'adapter mon existence aux conditions dérisoires, *ici-bas,* de toute *existence.* »

Tuez cet enfant, devenez « adulte » ! Adulte ? Connais pas. Vacciné de bonne heure contre cette imposture, je savais qu'on ne tue l'enfant qu'au prix du sacrifice de notre identité : désêtre, destination de la subjectivité, rabâchait Lacan, gourou repenti qui, sur le tard, ne se gênait pas pour remettre sur le trône sa majesté le moi dans un discours esthétisé. Eh quoi, les jolis termes ! J'ose prétendre ici, après quarante ans de batailles contre moi-même, qu'on ne peut l'occire, cet enfant-roi, qu'à condition qu'il n'ait jamais vraiment régné, que nous soyons dotés d'une mémoire défectueuse et qu'en nous le goût du plaisir l'emporte sur celui du bonheur. Ce sont nos pires défauts qui nous maintiennent en vie, nos ruses, nos démissions, ce que nous avons de plus moche. Sans ces béquilles, nous nous ferions sauter la cervelle.

J'avais perdu la foi : je veux dire que j'avais cessé de croire en ce Dieu qui n'existe pas pour avoir porté cette barbe postiche dont l'avait affublé une institution racoleuse. Détruite cette idole, on se mesure au vide, au silence, à l'absence. Au mal, surtout. Dès que se posait à moi le problème (quel mot, pour désigner la tragédie fondamentale) du mal, non celui dont étaient responsables les hommes, mais l'autre, le vrai, celui qui fait la vie scandaleuse, remise en question par la mort d'un homme, vieillard ou enfant que m'importe, par la sauvagerie d'un univers saturnien, par cette face hagarde qu'il inflige à ses victimes, bêtes ou êtres humains, mon esprit se recroquevillait pour offrir à l'insoluble la moindre surface possible d'intelligence. Je songeais au Christ comme à la figure la plus subtile, la plus perverse, la plus séduisante, la plus élaborée que l'homme écrasé, traqué, pris au piège, ait sécrétée au cours de son histoire. Aimer cette figure, la suivre, n'implique pas que l'univers ait un sens, à moins de soumettre sa raison à la folie de la Croix.

Un psy plus dégourdi que ses prédécesseurs, après m'avoir mis aux I.M.A.O., résuma la situation en quelques mots : « Il s'agit de savoir si la signification est dans l'homme, ou si l'homme est dans la signification. »

Les I.M.A.O. apaisèrent quelque temps les vertiges que son propos avait exaspérés. Mais il fallut les abandonner : après trois ou quatre mois de traitement, un soir que j'étais à table avec des amis, je frôlai la syncope. Le généraliste appelé d'urgence leva les bras au ciel devant l'ordonnance du psychiatre et m'ordonna de jeter au feu sur-le-champ « la pire des saloperies qu'on ait jamais inventées. »

Un matin, en arrivant à la boutique, je trouvai sur le bureau de mon père une lettre à moi destinée. Il nous avait quittés pour vivre avec celle qui allait devenir une de nos plus grandes cantatrices, Régine Crespin. Ce départ lui permettrait également d'exercer pleinement son métier, d'échapper à la double prison du commerce et d'une famille où il étouffait. Son évasion, sur l'instant, m'apparut comme une délivrance : il n'était plus parmi nous déjà depuis plusieurs années, et je l'avais maintes fois senti exaspéré par des liens familiaux qui devaient lui peser comme autant de boulets. Pendant de longs mois, aucune nouvelle. Nous ne savions même pas où il se terrait. Il dirigeait l'orchestre de l'Opéra de Rennes, nous ne l'apprîmes que l'année suivante.

Mais il ne fallut pas longtemps pour que son absence ajoutât à ma détresse. C'était comme si le seul Dieu qui me restât au monde, et qui fût l'image incarnée de l'Autre, le Grand Absent, venait à son tour de me fausser compagnie. Sa présence, même hostile ou indifférente comme elle l'avait été souvent au cours de ces dernières années, m'apportait sans que je m'en doutasse je ne sais quelle protection contre moi-même. Il restait toujours l'enchanteur des somptueux étés d'autrefois. Sa désertion me laissa encore plus désarmé devant les progrès du vide qui s'étendait en moi. Seul, pendant que ma compagne vendait des disques à ma place, j'errais dans les garrigues, étranglé par un chagrin trop lourd pour en tirer le moindre bénéfice, y puiser les mots pour le dire.

Cette comédie macabre dura plusieurs années. J'écrivais toujours, du moins je m'y efforçais, en dépit des difficultés financières où nous avait laissés le départ de mon père. Je dormais de plus en plus mal. Je me détachais de tout mon entourage. Je ne supportais pas de voir vieillir ma grand-mère maternelle. Je priais un Dieu en lequel je ne croyais plus.

Le goût des aliments, les odeurs, l'aspect des choses, altérés par les désordres dont je souffrais, m'infligeaient une nausée permanente. Tout me refusait et je refusais tout. La lecture m'imposait des tensions harassantes. Les lignes dansaient devant mes yeux. Je m'obligeais à relire dix fois les phrases. Le temps d'arriver au bout d'une, j'en avais oublié le début. Ma plume devint sèche, j'avais du sable dans la tête. Tout me parlait de la mort, de la brièveté de l'existence. La passivité avec laquelle mes semblables acceptaient ce désastre, composaient avec lui, me révoltait. Fallait-il être malade pour percevoir l'envers horrible des apparences ?

J'étais arrivé à ce point de rupture où je pensais que seuls méritaient d'être classés parmi l'espèce humaine ceux qui se hâtaient d'en finir avec la vie. Les autres n'étaient que des animaux abusés, qui festoyaient autour d'une table où les convives tombaient les uns après les autres le nez dans leur assiette. La bonne santé, en somme, impliquait un certain nombre de tares, de démissions qui allaient au mépris des moindres exigences de l'esprit. Sartre désignait par le terme de « salauds » ceux qui justifiaient une existence que rien ne justifiait : en somme les descendants des imbéciles heureux qui se félicitaient que le melon eût été prédessiné en tranches pour être mangé en famille. J'applaudissais à cette imprécation, y apportant une variante : les vivants heureux de l'être étaient des collaborateurs ; à fusiller pour intelligence avec l'ennemi. On ne compose pas avec l'immonde condition faite à l'homme sur cette boule infestée de cadavres qui tourne dans le vide, et de surcroît condamnée à l'obscurité et au froid éternels. Que le soleil s'éteignît dans trois milliards d'années ou demain ne changeait rien au sentiment de vanité que j'éprouvais devant cette agitation de fourmis mécaniques exécutant un programme imposé par des lois éphémères et aveugles. Il en est pour croire que les pierres ont leur façon à elles de penser. Mon effritement intérieur m'invitait à prendre ce raisonnement par l'autre bout : loin de prêter à la matière inerte des facultés inspirées du modèle humain, je me sentais proche du granit, pierre parmi les pierres, doutant que la pensée fût autre chose qu'une illusion, une hallucination collective.

Et toujours cette eau rougeâtre, le matin, ou plusieurs fois par jour, que j'évacuais sans qu'aucune thérapeutique en vînt à bout.

La jeune femme qui partageait cette existence de larve possédait, par malheur pour elle, une âme d'assistante sociale. Quand d'autres auraient déguerpi, lassées de vivre en compagnie d'un détraqué, d'un broyeur de mort, elle me tenait à bout de bras, s'attachant à ma faiblesse comme une mère le fait pour le bancal de sa nichée. Dans l'impossibilité où elle était de procréer, elle l'endossa d'autant plus aisément, ce rôle de mère. Il y avait également la différence d'âge : vingt-cinq ans contre trente-deux, la partie déjà devenait inégale, quoiqu'elle eût encore sa jeunesse à portée de main, et que son éclat fût toujours égal à lui-même.

Je m'engouffrais dans ses entrailles, assaut misérable qui me laissait la tête ailleurs et le cœur vide. La compassion succéda au désir, l'indifférence à la tendresse, bientôt la dureté aux égards. Ayant rencontré Giono par l'intermédiaire de mon père, voyagé en Italie accompagné d'Aline et de Sylvie, ses deux filles, un beau matin je plantai tout, travail, famille, patrie – collines ravagées par la marée du temps –, et pris la fuite, direction Manosque, où j'escomptais de la fréquentation du magicien une rémission du mal qui m'habitait, sa guérison peut-être.

Je rends ici hommage à celle qui fut victime de son propre dévouement à l'égard d'un enfant brutal, inconséquent, et, par là même, sans doute plus attachant qu'il l'eût été privé de ses infirmités.

J'avais déniché à Manosque une pension de famille où trois sous m'assuraient le gîte et le couvert. Les fenêtres des chambres donnaient sur une place paisible, ombragée de grands platanes sous lesquels les anciens frappaient la boule à longueur de journée, ou ressassaient leurs souvenirs en suçant leurs gencives, le menton appuyé sur une canne.

Les premiers temps, ma mère m'envoyait un peu d'argent. Je n'en avais pas honte, estimant que mes études interrompues prématurément justifiaient cette rallonge. Je fréquentais assidûment Jean Giono, le considérant comme un second père. Lui-même me témoignait des sentiments très paternels. Il se montrait plus exigeant que mon propre père à l'égard de mes fréquentations. Chaque fois qu'il flairait une odeur de fille, il fronçait les sourcils, me sachant prêt à tout pour une jolie frimousse.

Tous les matins, après avoir travaillé dans ma chambre – j'écrivais alors des articles pour *la Revue musicale*, des conférences sur les musiciens que je connaissais le mieux pour différentes radios, notamment pour le Canada –, je retrouvais l'homme du Contadour dans son bureau du mont d'Or; il me parlait de l'œuvre en chantier, et d'un passé qu'un beau jour il me demanderait de mettre au net : sa propre légende lui pesait. « Ils n'ont pas compris que je n'ai cessé de me fuir », me disait-il.

C'était le « *kill your darlings* » de Faulkner [1], le « Ne tombez pas du côté où vous penchez », de Colette, dont il avait hérité le fauteuil, chez les Goncourt.

Il m'obtint un contrat aux Éditions Gallimard : je devais écrire une biographie de lui, suivie d'une bibliographie détaillée, qui comprenait également toutes les traductions d'une œuvre célèbre à travers le monde entier. Il pensait ainsi me contraindre à une discipline qu'il me savait incapable de m'imposer. J'eus ainsi le privilège de travailler sur ses carnets intimes, où j'avais sous les yeux tous les éléments de l'œuvre en train de se construire, ses impasses, ses détours, ses surprises. J'en appris davantage sur le métier d'écrire que par tous les ouvrages dont le marché est inondé depuis que des gens qui n'étaient pas des écrivains se sont mêlés de donner des leçons à ceux qui en étaient.

Mais je peinais toujours autant pour mettre noir sur blanc mes propres délires, comme séparé de moi-même par cela même qui me jetait vers le papier.

– Tu serres trop, me disait-il. C'est le mal dont souffre ta génération. Vous vous efforcez de monter

1. « Tuez vos chéries » : ne cédez pas à vos complaisances, vos tics, votre pente.

une mayonnaise si dure qu'au bout d'un moment, la cuiller vous casse entre les doigts. Ne cherche surtout pas à faire intelligent. Ne fais pas l'Artiste. Rumine longuement ton matériau, le livre viendra tout seul. Méfie-toi des idées. Un romancier n'est pas un intellectuel. Les idées dévorent l'écriture. Ne te demande pas ce que tu es en train de faire quand tu écris. Ne te pose aucune question. Est-ce qu'un type en train de faire l'amour pourrait se demander : qu'est-ce que je suis en train de fabriquer ? Imagine le résultat. Dis les choses le plus simplement possible, comme tu les vois. Ton originalité ne s'en portera que mieux. Évite Paris. A tout prix. Ton cuir n'est pas assez dur et *tu tends tes filets trop haut* [1]. Reste dans ton coin et tout viendra le plus naturellement du monde. Il s'agit de savoir ce qu'on veut : écrire et y trouver son compte, comme l'avare comptant ses écus, ou parader au milieu des bouffons. Te connaissant comme je te connais, tu n'es pas fait pour ce genre de spectacle. Il y a des spécialistes pour ça ; ce sont des gens qui iraient faire caca sur la flamme de l'Arc de Triomphe le 11 novembre, violeraient leur petite sœur, étrangleraient père et mère pour attirer sur eux une attention que ne leur obtient pas leur plume. Pour devenir l'écrivain que tu es, tu n'as besoin que d'une discipline, et de l'amour de cette discipline.

Il m'observait un instant derrière ses lunettes à fine monture.

– Finalement, tu es un jeune homme ondoyant et secret. Je suis plus simple que toi : je ne vais pas chercher le trou du cul derrière l'oreille. Il m'arrive

1. Stendhal.

même parfois d'être un peu bête : ce sont les moments les plus savoureux de ma vie. Je sais bien qu'être bête de cette façon-là, c'est le Pérou. Tu devrais t'y employer sérieusement, au lieu de te farcir la tête de trucs (son mot favori) qui n'ont rien à voir avec la littérature. Et ne me casse plus les pieds avec ton Sartre, ton Valéry. Si tu as envie d'écrire « le ciel est bleu », ou « la marquise sortit vers cinq heures », qui t'en empêche ? Il n'y a pas de lois en littérature, sauf celles érigées par ceux qui s'imaginent avoir sucé la tour Eiffel pour la rendre pointue. Dis-toi que, quand tu écris, tu es seul au monde et tu emmerdes la République. (Le peu d'expérience que j'avais de Paris, où j'avais séjourné quelques mois pour parfaire mon apprentissage de critique musical, m'avait déjà suffisamment désenchanté pour que son propos me mît du baume au cœur.) La lanterne des autres ne nous sert qu'à prendre des chemins de traverse, au risque de se perdre. Il faut fabriquer sa propre lumière. Dos Passos ? Laisse tomber. Faulkner ? A la bonne heure... Quelque chose chez toi me fait du reste penser à lui : ton goût pour l'irrémédiable. Si c'est ton affaire, vas-y à fond. Un jour, j'en suis sûr, tu écriras un bouquin qui fera un assez joli vacarme. Tâche à ce moment-là de ne pas bouger un cil. Ne deviens jamais ta propre statue. Détale plus vite que toi, ne te laisse jamais rattraper par ce que tu as été, par ce que tu crois être. Et puis cesse de courir après les filles. Tu as bien le temps de t'embarquer pour un nouveau désastre. Il paraît que tu veux épouser la fille d'un médecin de Nice ?

– Mais qui vous a raconté ça ? Je ne sais comment m'en dépêtrer. Elle est jolie, gentille, mais c'est tout.

Elle m'écrit deux fois par semaine. Je ne peux tout de même pas la laisser tomber comme un mufle. D'ailleurs, je ne l'ai pas vue depuis plus d'un mois.

– Je sais que, dimanche dernier, tu es parti pour Nice, et j'imagine que ce n'était pas pour dire la messe. Pour mentir, il faut une mémoire de fer. C'est tout un art, et tu manques décidément d'expérience.

– Alors que faire ?

– Ne va plus dire la messe à Nice. Ne réponds plus à ses lettres.

– Je pourrais tout de même lui écrire que c'est fini entre nous.

– Non. Elle s'accrocherait à ça avec ses dix ongles. Le silence, tu entends, le silence. Et au travail !

Nous nous levions quand Elise Giono agitait au bas de la cage d'escalier la cloche du repas. Il m'embrassait : « Quel bacille tu fais... »

Mes après-midi, je les passais à errer dans les collines, à dévaler de petites routes sur un vélomoteur prêté par un ami. Parfois, l'air frais, au détour d'un bois, m'expédiait une bouffée d'autrefois, du temps où le monde existait. Ma tasse de thé n'en contenait que quelques gouttes, de cet autrefois qui s'interposait entre un présent inabordable et moi. Tôt levé, je m'escrimais sur le papier, mais ma peur des mots embouteillait les phrases. Sous ma plume, je les trouvais creux, insipides, ou trop volumineux. Il m'arrivait de copier à la main des pages d'écrivains que je vénérais. Et je constatais qu'affublées de mon écriture, les phrases les plus belles perdaient de leur autorité, de leur équilibre, de leur charme, comme si la seule forme des lettres dues à ma main leur communiquait les travers qui m'inspiraient, venant de moi, tant de dégoût. J'allais m'étendre sur mon lit. Je rêvais d'Amérique, de beautés somptueuses m'inondant le visage de leurs chevelures. Je contemplais l'ombre dansante des feuilles de platanes, sur le plafond. Par la fenêtre entrebâillée me parvenait la rumeur paisible de la vie d'une petite bourgade où je désespérais de rencontrer le beau visage qui m'eût guéri. Au-dessus des toits roux, les collines râpées de soleil m'adressaient des signes auxquels je ne résistais pas. Je partais en claquant la porte sur ces phrases bégayées qui jonchaient le parquet de ma chambre, et j'allais me dissoudre dans les sentiers de l'exil, me perdre, comme on dit d'un animal dont on veut se débarrasser.

Puis je quittai la pension pour un appartement situé à l'entrée de la bourgade, au milieu de grands peupliers. Pour faire bouillir la marmite, j'avais ouvert une minuscule boutique grâce à un prêt consenti par un ami notaire : *Le Ménestrel*, située rue Grande, tout près de la maison natale de Giono. J'y vendais des disques, occupation peu salissante, mais le bénéfice en était insuffisant, et l'après-midi, je grimpais sur les toits de Manosque ou des villages d'alentour, quel temps qu'il fît, pour installer des antennes de télévision. Ce qui me permettait de vivoter tout en continuant à m'acharner sur un papier toujours aussi aride.

Des amis, des proches prétendent qu'une fille de la région, une blondasse, une rousse, à moins qu'elle ne fût chauve, comment savoir, vivait alors avec moi. Je dois souffrir d'amnésie, car je n'en ai nulle souvenance : cette personne, en admettant qu'elle ait existé, devait être d'une discrétion si exemplaire que je devais la prendre pour une femme de ménage, ou une ombre de ma fabrication. J'ai souvent vécu en compagnie de filles qui n'étaient en réalité que des hologrammes projetés par mes désirs inassouvis. Il est vrai que j'ai toujours eu la rage de prêter à autrui les vertus dont se nourrissait mon imagination. C'est à ce travers que je dois la plupart de mes déboires : le plomb n'a jamais demandé à devenir de l'or. S'il s'oxyde entre vos doigts, ne vous en prenez qu'à vous-même.

Parfois, ma mère et ma grand-mère, accompagnées de mes deux sœurs, venaient me rendre visite. Ces dernières avaient grandi et embelli sans que j'aie pris le temps de m'en apercevoir. L'aînée, Françoise, éclatante de vie, d'intelligence, de franchise, belle comme savent l'être les Italiennes. La cadette, Jacqueline, muette, gentille, effacée – effacée par notre aveuglement –, ruminant un mal dont il fallut trente ans de soins pour venir à bout. Décidément la progéniture boitait – même l'aînée, malgré un caractère taillé dans le buis qu'elle avait hérité de notre père. Malheur à ceux qui ont connu les suprêmes félicités de l'enfance, bercée par la merveille, dans le jardin clos où fleurissent les enchantements vénéneux.

Ma grand-mère séjournait parfois près de moi, me cuisinant des plats qui, me ramenant dix ou quinze ans en arrière, me tournaient le fer dans la plaie. Repartie, je m'effondrais sur le lit qu'elle avait occupé, étouffant dans l'oreiller où persistait son parfum de verveine mes hoquets, mes sanglots, mes appels au secours. Sa présence m'écorchait vif, son absence me poignardait : j'étais une capitale de souffrance et de désespoir. Mon père, lointain, ne parlait plus tout à fait ma langue, ou c'était moi qui avais pris une autre nationalité, et ma mère, impuissante, harcelée de soucis, se désolait de me savoir à l'agonie, mais prêt à tous les écarts pour y échapper.

Un matin de juin, comme ma grand-mère venait de regagner Nîmes, à l'autre bout du temps, la torture fut telle que je courus jusqu'à mon bureau, et sur un cahier à petits carreaux, ainsi que je les ai toujours affectionnés, je me laissai emporter par le jaillissement de la souffrance, et écrivis en trois semaines *Retour à Uzès*, me vidant comme un barrage qui cède, allant plus vite que ma peur d'écrire. Le cahier échappa au feu : je l'expédiai à mon père, qui le dévora en une nuit, pour m'adresser dès le lendemain une lettre où il disait la commotion que ce récit lui avait causée. « Il faut publier ce livre tout de suite, me disait-il, tu n'as plus maintenant le droit de reculer. » Malgré son enthousiasme, et qu'il me reconnût enfin pour ce que j'étais, c'est-à-dire un bateau démâté, sans destination ni équipage, le roman devait rester près de dix ans au fond d'un tiroir. Non que son jugement me parût suspect, mais j'avais déjà suffisamment d'expérience pour concevoir les faiblesses de mon travail, et d'autre part pour savoir qu'en France, la littérature relève en priorité de la gastronomie – probablement parce qu'on s'y occupe de littérature plus que partout ailleurs. La notion de « goût », la référence au « plaisir » ont régné trop longtemps sur les lettres françaises pour ne pas trahir chez nous un penchant prononcé pour la dégustation. On prétend que tout a été dit : il ne resterait donc que la manière, le tour de main, c'est qu'à force de savoir-faire, les moyens ont supplanté la fin. « Dieu a fait l'aliment, le diable l'assaisonnement », écrivait Joyce dans *Dedalus*.

Paris n'est pas tombé de la dernière pluie, et il le fait savoir par une nuée de prétendants revenus de tout avant d'être allés nulle part, ceux qui font la mode ou la défont, ricanent ou s'extasient suivant la direction du vent, ignorent ou savourent selon que la sauce les indispose ou réveille leur palais accoutumé à tous les ingrédients, mais il faut bien se rendre à l'évidence : cette dégustation n'engage guère au-delà des satisfactions digestives, c'est un divertissement de gourmet, et de Rabelais à Montherlant, de Chamfort à Gide, il est peu d'écrivains d'envergure qui n'aient dénoncé ces mauvaises manières. Si la littérature se hasarde à sortir des tripes, à jaillir à gros bouillons du fameux cœur humain dévalué par des imposteurs ou des racoleurs de chaumières, on la prie de se mêler de ce qui la regarde, qui est l'air du temps, pour ainsi dire les épluchures d'une époque.

Ou bien c'est le sérieux qui trône, et là il n'est plus question de cœur ni de tripes, mais du *pronunciamiento* militaire, qui fait le vide autour de lui et bluffe une génération d'assistés qui n'ont jamais su cuire leur pain eux-mêmes. En clair, c'est la version terroriste de la littérature. On vous explique comment il *faut* écrire, ce que *sera* demain la critique ou le roman. Ce terrorisme a fait assez vite long feu, dans une époque où tout est périmé avant d'avoir servi. Mais les idées brandies comme des mots d'ordre racolent vite le badaud : il n'est rien comme un idiot pour jongler avec des idées, surtout celles des autres qui n'en espéraient pas un tel avantage. D'un mot Paris fait une époque, d'un mot il la naufrage. Le mot importe peu pourvu qu'il soit un bon mot.

Mais gare, sur ces terrains-là, chasse gardée. Silence, ici on pense. Quand on n'a rien à dire, la cervelle s'active. On sait bien que le malheureux Lucifer, le porteur de lumière, se venge de n'avoir pu créer le monde en l'expliquant. Et c'est ainsi que la littérature devient l'instrument d'une bataille électorale. En prison pour subjectivité! Voilà trois ou quatre décennies que le roman survit en pays occupé. On le traque, on l'embauche pour des causes qui ne sont pas les siennes, on le débauche dans cette chasse à l'homme qu'est la disparition du sujet. La théorie occupe le terrain, avec ses chiens de garde, et le roman se cache dans les bois, dépérit dans les soupentes, pour échapper à la terreur, à l'emprisonnement ou à l'enrôlement par la force. Il faut être au moins slave, russe, et en exil, pour en imposer aux tribunaux de Salut public.

Il faudrait nuancer, entre ces extrêmes, mais ce n'est pas ici le lieu. Je me borne à survoler le champ de bataille, pour expliquer la répugnance que j'ai toujours éprouvée à publier des livres que je désavouais moi-même, mais pour des raisons inverses à celles qu'on eût pu m'opposer. De là des autodafés, ou le tiroir.

Après cinq ans en haute Provence, je repartis pour Nîmes. Le sentiment d'exil que j'emportais partout dans mes valises rongeait comme un acide visages et paysages.

A Manosque, dans un grenier tour à tour glacial ou torride, j'avais jeté sur le papier une première mouture de *L'Épervier*. Au bout de cent pages, un beau matin, plus une goutte d'eau dans cette source où j'abreuvais mes nostalgies (on retrouve ce brusque tarissement dans le livre, celui-là non plus intellectuel, mais inscrit dans la recherche d'une eau problématique : de tels glissements, transpositions et autres métamorphoses ne sont pas rares dans les œuvres qui font bénéfice de tout, même de leur difficulté à naître).

Les mois, les années avaient passé, et je me sentais dans la peau du lieutenant Drogo [1] qui guette en vain, depuis sa forteresse perdue dans les montagnes, l'événement problématique glorifiant tout à coup la

1. Buzzati, *Le Désert des Tartares.*

vie. Les saisons s'éteignaient les unes après les autres, et j'attendais dans mon grenier, entre deux acrobaties sur les toits, où je plantais des mâts de six mètres, alourdis de râteaux et de câbles; j'attendais, observant la rue vide, les façades muettes, vivant de plus en plus à la surface de moi-même, crainte d'affronter le désert qui s'étendait en moi.

Nîmes, devenue ville étrangère, me refusa comme je l'avais refusée. Toujours le même soleil, les garrigues plaquées contre un ciel tragique à force d'azur, et cette tour Magne qui m'agaçait l'œil, là-haut, dans ses pinèdes, comme toute chose qui résiste au temps, et conserve une neutralité outrageante pour la mémoire.

J'aidai quelque temps ma mère à mettre sur le flanc son commerce anémié de longue date par des ponctions inconséquentes, dont quelques-unes à mon profit. J'eus la chance qu'elle fut obligée de s'en séparer.

Je vivais seul dans le mazet (restauré) de mon enfance. Le même brouillard m'enveloppait, mais l'habitude en atténuait la malfaisance. La particularité la plus remarquable chez l'être humain est de s'habituer à tout, ce qui le plus souvent signifie à rien. A vivre dans le rien, à s'accommoder de cette stupeur, comme les chiens dans leur vieillesse.

Je n'écrivais plus, ne lisais plus, fuyais la musique, poison mortel, allais de fille en fille, m'acharnant désormais à me détruire, à perdre mes propres traces, pour survivre chichement en attendant que tout ça finisse. J'avais fini par me persuader que l'écriture n'avait fait que jeter de l'huile sur le feu, ce feu que je voulais éteindre, et qu'en ne touchant plus à un livre, une plume, je deviendrais suffisamment idiot pour me vautrer à la table commune. Cet apprentissage de l'abrutissement, deux années durant, me permit d'apprendre à me noircir, à connaître le flottement des amours sans lendemain, les nuits turbulentes, passées à courir les fêtes de village, à les finir, ces nuits, dans les fourrés, les vignes, les fossés, en besognant le plus tendrement possible des jeunesses de tout poil, et quand l'aube arrivait, je dressais la tête, à l'écoute de l'espérance, aidé par la fatigue qui démeublait ma tête, me prêtait une sorte d'apesanteur propice à l'oubli de mon corps et de ses fièvres. Je vivais à trente ans ce qu'il eût fallu vivre à vingt, épelant ma vie à l'envers, comme tous les naïfs.

Le fait est que ma vie me paraît amputée de cette douzaine d'années, vécues dans les ténèbres, douze ans de prison où je n'avais même pas eu le loisir de me blanchir, d'apprendre à vivre, à réfléchir sur moi-même, à m'oublier, douze ans de condamné à mort qui guette à toutes les aubes les pas du geôlier, de telle sorte que j'étais tout étonné de voir combien le monde avait changé, des vedettes de l'écran à celles des librairies, et ce décalage continue à subsister au point que, n'était la rapidité avec laquelle les informations nous parviennent aujourd'hui, je serais toujours en retard d'un train, applaudissant des comédiens, des metteurs en scène, des chanteurs, des peintres, des musiciens dont la réputation ne m'a pas attendu pour être célébrée. Né à huit ans, mort à dix-huit, émergeant du tombeau à trente, j'ai donc vingt ans de moins que ce qu'il y paraît, mais à plus de cinquante, même si le cœur y est, et il semble en effet qu'il y soit plus qu'il ne l'a jamais été, car je m'obstine à chercher la vie, il n'est pas si facile de courir un lièvre qui sur moi a pris tant d'avance.

Je venais d'épouser Michèle, sur un coup de cœur peut-être un peu hâtif : j'étais un sépulcre blanchi, et les premiers éblouissements de l'amour me permettaient de donner le change, lorsque j'aurais dû décliner ma véritable identité, montrer ma face cachée, dévoiler les dégâts qu'elle avait subis; mais cet arrière-pays ravagé de séismes devait probablement donner un certain charme à ma façon d'être, en sorte que j'en tirais bénéfice auprès de ma jeune femme, qui ne se doutait pas plus que moi combien nous coûterait cette méprise. Peu de temps après mon mariage, ma mère, écrasée de charges, fut obligée de solder son affaire, bouée facile à laquelle je me serais raccroché, et par quoi j'aurais fini noyé, n'ayant ni les moyens ni le courage de prendre le large. Ce fut la meilleure des choses qui pût m'arriver.

Ma femme était institutrice. C'était une garantie contre la pauvreté. Ce n'en était pas une contre le déshonneur qu'il y avait à ne savoir rien faire d'autre de ses dix doigts que tenir plus ou moins bien un stylo. Nous n'avions pour tout viatique que les quatre sous rapportés par la vente de ma boutique à Manosque; et moi, pas de métier, et toujours décidé à n'en pratiquer aucun, si ce n'est celui d'écrire, qui n'en est pas un. Commencer à plus de trente ans une carrière d'écrivain me semblait insensé, et pourtant, en dépit de mes difficultés antérieures, de cette paralysie que m'infligeait la page vierge, de mes malaises récurrents, un jour clair, un jour gris, je reprenais goût à la littérature et me répétais avec Bernanos qu'après tout, dans quelque domaine que ce fût, l'espérance est un risque à courir.

A peine marié, après un bref séjour dans l'appartement où ma mère ne m'avait pas tout à fait mis au monde, nous nous installâmes dans un petit village proche de Nîmes, où Michèle avait obtenu un poste vacant. Nous disposions d'un immense appartement, au-dessus de la mairie, d'où l'on découvrait à perte de vue un océan de garrigues, jusqu'à cet Aigoual bleuâtre que j'avais entrevu autrefois, lorsque j'existais.

J'entrepris là de mettre au propre le manuscrit de *Retour à Uzès,* expulsé un peu vite sous le coup d'une rage désespérée. Désormais, le temps pressait, et il n'était plus de saison de faire la fine bouche. J'adressai le roman aux trois grands de l'édition, qui le refusèrent avec plus ou moins d'égards, sous prétexte que j'avais composé là une sorte de variation sur la vie de Rimbaud, dont sa postérité n'avait nul besoin.

Une vie de Rimbaud... Je n'en fus pas blessé mais perplexe. Je n'avais nullement songé à Rimbaud, et ne voyais rien qui pût associer ce récit plus ou moins autobiographique – mais comme le sont tous mes livres : au second degré – à l'existence ni aux mœurs du visionnaire reconverti dans les fusils. Mais j'ignorais alors comment fonctionnait le système à Paris. Lorsque j'appris la véritable raison qui avait dicté aux comités de lecture un jugement aussi abracadabrant, et d'une bouche autorisée : celle de Giono qui, depuis Manosque, disposait d'un recul suffisant pour remettre les choses à l'endroit, je fus, en même temps que stupéfait, saisi d'une allègre férocité. Comme il l'avait toujours fait, Giono avait répondu aussitôt à mon appel au secours.

« Tu as eu l'imprudence de mettre en exergue une phrase de Rimbaud et d'appeler la sœur du narrateur Isabelle. Ce sont deux maladresses impardonnables. Il ne leur en faut pas davantage pour penser te démasquer, alors que précisément tu ne l'es pas, masqué, surtout pas dans ce livre, où tu t'es donné tel que tu es. Tu appelais ton personnage Elizabeth ou Antoinette, tu évitais de citer Rimbaud, peut-être alors auraient-ils lu le livre quand ils n'ont fait que s'en débarrasser en prononçant un verdict qui précédait l'instruction. Je t'ai cent fois répété qu'on ne peut entrer dans le zoo parisien qu'armé jusqu'aux dents, vêtu d'un manteau couleur muraille. Si tu te donnes pour ce que tu es, si tu ne joues pas ton propre personnage, en taisant ce qu'il y a à taire, en affichant de toi ce que tu estimes être le pire, tu es perdu : le premier coupe-jarret venu, qui ne se prend pas pour le dernier moutardier du pape, va se faire une joie de te prendre au piège. Souviens-toi de ce que je t'ai dit : il y a tous les matins à Paris des centaines de milliers de coupeurs de tête qui partent à l'assaut de la Bastille, et chacun est roi dans sa tête.

« Ou tu as du cran, et tu ne t'embarques plus sans biscuit, ou tu démissionnes, et tout ce que tu as engrangé te rendra la vie impossible. *Mais tu es allé trop loin* (souligné) pour rebrousser chemin. Tu as des dons, plus qu'il n'en faut, et il ne te reste qu'à te faire bien écraser par la vie. Alors, tu seras peut-être capable de tirer au reste du monde des pieds de nez à longueur de journée en restant chez toi, le derrière sur ta chaise, et en écrivant des livres qui ne devront rien à personne, ni à Rimbaud et encore moins à moi. Cesse de faire l'imbécile. Ne prête pas à ces scribouillards un esprit qu'ils n'ont pas, et *une page par jour jusqu'à la fin* (souligné), avec mon affection. »

Échec bienheureux. Ayant récupéré mon manuscrit chez Denoël, des mains de Georges Piroué, qui m'avait charitablement emmené dans un café pour m'épargner sans doute une rencontre déplaisante avec son supérieur, sinon son refus de me recevoir (et je sais aujourd'hui la raison pour laquelle mon manuscrit ulcérait Kanters, une raison si dérisoire que je ne tiens pas à la publier puisque l'homme n'est plus là pour s'en défendre), je tombai sur un ami de mon père, Louis Mollion, lequel, connaissant mes liens avec Giono, me commanda une série de quinze entretiens avec lui pour France-Culture.

C'est à la suite de ces entretiens, qui eurent lieu à Manosque en juillet 1965, dans la chaleur de craie et de chaux vive du *Hussard sur le toit,* que je fus engagé par mon ami Temple à la station de radio du Languedoc-Roussillon [1].

Ma femme et moi avions quitté la proximité de Nîmes pour Domessargues où Michèle fut titularisée. Le village m'avait plu tout de suite, collé au pied d'un massif de collines qui me promettaient une grande réserve de solitude et de sites inconnus.

1. Grâce également à mon ami Jacques Hébrard, directeur des services commerciaux de l'ambassade de France à Tokyo, qui m'avait mis en relation avec lui.

J'allais à Montpellier une fois par semaine, pour enregistrer mes émissions qui me laissaient ainsi libre de travailler à ma guise. Les matinées étaient consacrées au travail, les après-midi à mes errances à travers bois où je poursuivais toujours la même quête. Mon premier fils, Emmanuel, était né en juin 1966. Il devenait maintenant impératif de livrer contre moi-même une bataille dont je n'avais cessé de reculer l'échéance. La présence de l'enfant et d'une femme courageuse m'y aida. Le matin, dans mon bureau qui jouxtait l'école, lorsque j'entendais Michèle enseigner ses élèves, je convoquais toute ma fureur et jetais sur le papier tout ce qui me passait par la tête. J'acceptais non sans mal de me livrer à ce qui n'était encore que des exercices, car je détestais toujours autant et mon écriture, et mon incapacité à trouver le chemin qui menait au centre de mes rêves, de mes obsessions, de mes délires.

Grâce à ces sentiments honorables – et à la situation du village, qui se trouvait exactement à mi-chemin de Nîmes, de ses garrigues pour moi désolées, et des montagnes où j'avais projeté depuis si longtemps un désir toujours inassouvi –, il semblait que ma santé se fût améliorée. Je dormais mieux, après mes vingt kilomètres à pied quotidiens. La nouveauté des lieux m'apportait un regain de jeunesse. Mes troubles nerveux s'atténuaient, surtout depuis que j'avais pris goût à assumer des responsabilités familiales qui jusque-là m'eussent fait horreur.

J'étais comme une maison restaurée : j'avais un grenier plein à craquer de souvenirs, une cave où sommeillaient de vieux démons prêts à reprendre leur empire sur moi, si je ne veillais sans relâche à les tenir en respect, à les boucler à double tour dans leur tanière. Le reste de la maison était assez sain.

Le symbole peut sembler assez simpliste, mais il me permet de schématiser la situation d'équilibriste qui a toujours été la mienne. L'écriture s'alimente dans ce grenier empli de phantasmes; à chaque phantasme auquel la mémoire est soumise correspond un démon qui ne dort que d'un œil et que réveille la moindre manipulation des souvenirs. L'écriture n'a jamais guéri personne, ni soulagé l'écrivain que tourmentent sans trêve les questions insolubles. Elle peut, dans le meilleur des cas, lui communiquer cette fébrilité allègre qui permet d'associer, et même de soumettre la vie au travail littéraire. Mes proches s'étonnent souvent de me voir travailler toutes fenêtres closes, la lampe allumée alors que devant mon bureau s'étend un paysage admirable. C'est que la fiction ne tolère, du moins chez moi, aucune confrontation avec le réel. J'évolue dans un univers dont la moindre molécule est de ma fabrication : l'irruption de ce qu'on appelle les choses de la vie serait immédiatement sanctionnée pour incompatibilité biologique. En transposant tout – bien ou mal, là n'est pas la question – dans le domaine de l'imaginaire, ma propre vie est comme aspirée par le mouvement de l'écriture : j'ai pris la mer, je n'y suis pour personne. C'est dans la mesure où il n'y a plus rien à espérer d'un univers superbe et monstrueux qu'on recrée par les mots un canton habitable. Vivre protégé par les mots, ces mots qui nous ont peut-être accordé la possibilité de survivre depuis les singes que nous étions.

« Au commencement était le Verbe, et le Verbe flottait à la surface des eaux. » Dans mes instants de grâce, je m'enchante de cette légende prophétique, comme si, depuis les premières molécules jusqu'à la complexification de la vie, la parole, exprimée ou non, dirigeait le vaste chantier de la matière.

J'étais également parvenu à créer un équilibre entre mon travail matinal et mes randonnées de l'après-midi. C'était un échange biologique entre ce que l'écriture réclamait et ce que m'apportait une oxygénation intensive.

La liaison entre mon père et Régine Crespin avait pris fin. Il dirigeait l'orchestre de l'Opéra de Lyon, au moment où Louis Erlo révélait son talent de metteur en scène. Deux jours par semaine, il lâchait sa baguette et retrouvait ma mère, installée avec ma grand-mère dans ce que nous continuions à appeler « Le Mazet », par fidélité aux saisons d'autrefois, aux difficultés d'argent que nous avions connues, qui donnaient tant de prix aux choses. Mais désormais, c'était tête à tête avec moi-même que je vagabondais à travers bois. Quelque chose était mort entre mon père et moi, et lorsqu'il arrivait qu'il m'accompagnât dans mes balades, une douleur diffuse me montait au cœur, comme si nous n'étions plus que deux ombres capables de se traverser sans se rencontrer – semblables en cela aux deux créatures insolites qu'on trouve dans les *Chroniques martiennes* de Ray Bradbury.

Pourtant, nous étions toujours attachés l'un à l'autre, mais sans la ferveur d'autrefois : c'est à force de fidélité envers ce qu'il avait été pour moi par le passé que je sentais l'espace augmenter entre nous. Mes quinze ans plantés dans le cœur, je ne parvenais pas à admettre que mon père eût vieilli, que j'aie en somme pris sa place, et qu'il soit désormais plus fils que père, et moi l'inverse. Je poursuivais, dans les sentiers de Domessargues, le même but obscur, poussé aux épaules par l'espoir candide et redoutable de découvrir dans le monde la clairière épargnée qui se trouvait en moi. L'innocence a la vie dure et nous la fait dure, la vie.

La question qui revient le plus souvent au cours des rencontres avec ses lecteurs dont l'écrivain demeure l'obligé est la suivante : comment avez-vous fait pour publier votre premier livre ? Beaucoup s'imaginent qu'on y va de sa poche, d'autres, de ses influences. Il en est peu pour savoir qu'un éditeur est parfois un joueur qui mise sur des montures dont il ne sait si elles ont du sang, si elles vont tenir le galop, ou s'effondrer en chemin.

Ma vanité froissée par le refus de *Retour à Uzès* n'acceptait pas de s'exposer à un nouvel affront. Le manuscrit dormait toujours au fond d'un tiroir, et il y dormirait probablement encore si une camarade de travail, Madeleine Attal, productrice de mes entretiens avec Giono, ne m'avait réclamé le manuscrit après que je me fus laissé aller à lui en évoquer le contenu. Je le lui apportai, non sans répugnance et quoiqu'elle eût toujours manifesté à mon égard beaucoup de sympathie (dans le sens réel du terme). Puis je n'y pensai plus. Jusqu'au jour où je fus convoqué à Paris par les Éditions Jean-Jacques Pauvert, pour y signer un contrat. Madeleine Attal avait été accrochée par le livre, au point qu'elle l'avait mis sans rien m'en dire entre les mains d'Albertine Sarrazin. Albertine, à son tour émue par le roman, l'avait derechef expédié au directeur littéraire des Éditions Pauvert, Jean-Pierre Castelnau. Je touchai cinq mille francs d'à-valoir, ce qui, en 1967, constituait à mes yeux une somme considérable (et elle l'était si j'en juge aujourd'hui par ce que reçoivent de jeunes auteurs).

Le livre à sa sortie ne fit pas grand bruit, mais les quelques articles qui lui furent consacrés, dont un, il m'en souvient, publié dans *le Figaro* par Robert Sabatier, étaient tous élogieux. J'obtins un prix à l'Académie française, dont je ne sus trop s'il fallait me réjouir ou m'inquiéter. Je me rappelle non sans malaise ma première rencontre avec Jean-Jacques Pauvert. Ma timidité à l'époque était telle que je ne parvenais pas à aligner trois mots sans bégayer. Je continuais, comme au temps du collège, à avoir honte de ce que j'étais, et plus encore de ce que je n'étais pas. Je me serais voulu désinvolte, lointain, surdoué, négligent, distrait : un aristocrate de la plume, en somme. Très vite, cependant, Jean-Jacques sut me mettre à l'aise, ainsi que son épouse, Christiane, qui possédait un « savoir-lire » autrement subtil que les besogneux auxquels j'avais eu précédemment affaire.

D'un cœur plus léger, je me remis à *L'Épervier,* ayant enfin réussi à oublier la première mouture, à faire le vide autour de ce monde envoûtant qui avait pris en moi, à mon insu, des dimensions de plus en plus difficiles à maîtriser.

J'ai encore présent à l'esprit l'instant où, *les yeux fermés,* je me décidai à plonger dans ce vide béant sans me demander si mon parachute s'ouvrirait ou non. C'est bien une impression de lâchez-tout, de chute libre que j'éprouvai en tapant directement sur mon extra-plate la première phrase du roman :

« La première neige de l'année tomba en abondance un soir de novembre. »

Les caractères d'imprimerie m'épargnaient mes habituels démêlés avec mon écriture. Et l'on eût dit que l'autre machine, celle qui avait patiemment écrit le livre sans que j'y participe de façon consciente, n'attendait qu'un clavier pour dérouler le fil de son discours.

Le fil. Le mot n'est pas gratuit. Bobine enchevêtrée, un roman ne se livre à son auteur qu'à condition qu'il ait su tirer le bon fil. Sinon, il faudra débrouiller des mois et des années durant cet écheveau qu'on ne sait par quel bout prendre. Un journal local publia les premières pages, que j'adressai à Jean-Jacques. Aussitôt, je reçus de lui une lettre où il me déclara, en pesant ses mots, que j'avais désormais acquis la maîtrise d'une écriture qu'il jugeait celle d'un véritable écrivain. Le respect que m'inspiraient son immense culture et sa passion pour la littérature donna à cette lettre valeur de document : c'était un visa pour continuer le voyage. Qui s'acheva dix mois plus tard. Le manuscrit partit pour Paris, le contrat fut signé, considéré déjà par mes doutes comme une récompense. J'ai dit la suite. Sauf ceci : dès le mot fin apposé sur la dernière page du manuscrit, écrit dans une allégresse paradoxale, compte tenu de la noirceur du roman, je chutai de nouveau dans la détresse, vacant tout à coup comme après un deuil. C'est à partir de là que les bêtises commencèrent. Pour dormir, je m'empiffrais de neuroleptiques. Je suivais les progrès du livre, son succès croissant, comme si c'était un autre qui l'eût écrit. Le Goncourt tomba dans ma vie comme un aérolithe (« Un château », corrigea aigrement au cours d'une émission de radio un fringant éditorialiste aujourd'hui disparu). Je venais de gagner une bataille. Mais c'est à peine si commençait la guerre.

L'enterrement de mon père eut lieu un après-midi vers quatre heures. Le corps se trouvait à la morgue de Remoulins, et il avait été amené directement à l'église où nous assistâmes à la messe devant son cercueil. Je lui avais écrit le matin même une lettre que, sur ma demande, on lui avait mise entre les mains, une lettre dans laquelle je réglais avec Dieu quelques sujets épineux. Il nous avait brûlé la politesse une seconde fois, ayant quitté la maison sur sa bicyclette, pour disparaître à jamais, sans nous donner de ses nouvelles avant le grand départ : c'était bien dans son caractère. Je me souviens qu'il faisait très chaud pour la saison. L'église était pleine à craquer, et je me demandais amèrement si l'assistance eût été aussi nombreuse sans le fracas soulevé trois mois avant par le prix Goncourt.

Une fois que le tombeau eut englouti sa proie, chacun retourna à ses affaires. La seule pensée qui m'était venue pendant l'ensevelissement était celle de mon propre décès, et du chagrin que mes fils éprouveraient sans que je puisse les consoler. Pensée tragico-pagnolesque. Je me voyais sur mon lit d'agonie, décidé à en finir sur un mot désinvolte : « C'est dégoûtant de laisser derrière soi une cochonnerie pareille », dirais-je en désignant mon corps d'un geste de la main.

Michèle et moi regagnâmes Domessargues et la maison californienne que nous avions fait bâtir à partir des plans de la villa que Jean-Jacques Pauvert possédait au Rayol, près de Cavalaire. L'endroit où mon père s'était fait assassiner par une maladroite se trouvait à La Calmette, petit village situé à mi-chemin de Nîmes et de Domessargues. Longtemps, une petite flaque de sang resta imprimée dans le goudron, au bord de la route, tenace comme notre chagrin. Nous passions devant elle plusieurs fois par semaine, lorsque nous allions voir ma mère à Nîmes. Il m'arrivait quelquefois, étant seul, de garer ma voiture dans un chemin de traverse et d'aller m'asseoir sur le talus, à quelques mètres du point d'impact. Par un recul instinctif de l'esprit devant l'intolérable, l'événement avait fini par devenir abstrait. Ma souffrance s'était localisée dans mon ventre, comme si j'avais écopé une volée de plomb. Mais cette mort refusait de s'inscrire dans la chronologie de ma vie. C'était comme si un énorme bloc de temps s'était effondré derrière moi, m'interdisant à jamais de retourner sur mes pas, ainsi que je ne cessais de le faire par le passé.

Nous avions tous les deux échangé tout ce qu'il est possible de se donner entre père et fils. Mais il faut être doué d'une robuste inconscience pour ne pas concevoir que la mort rafle tout, et que se consoler avec des souvenirs est de tous les leurres le plus vain, le plus mensonger, le plus triste, que j'ai toujours associé à quelqu'un ou une s'adonnant au plaisir solitaire. Les yeux fixés sur la tache brunâtre, j'évaluai ma part de responsabilité dans ce qui avait fini par prendre à mes yeux la forme d'une espèce de suicide : cette voiture l'avait tué parce qu'il ne l'avait pas vue arriver. Et il ne l'avait pas vue arriver parce que sa vigilance avait dételé, parce qu'il avait « la tête ailleurs ».

Quoiqu'il dirigeât toujours des représentations, ici et là, il n'assumait plus ses fonctions de premier chef à l'Opéra de Lyon, ayant dépassé largement l'âge de la retraite. Mes sœurs étaient mariées [1], et moi j'avais rempli mon contrat. Il ne m'était pas difficile de l'imaginer soudain libéré de toute responsabilité de première urgence, reprenant sur sa bécane les petites routes qui lui étaient familières, et sentant autour de lui le monde se dissoudre doucement, la vie évacuer ses raisons d'être. Et peut-être la mort lui paraissait-elle une manière assez pratique de ne pas mourir, dans la mesure où l'âge ne lui laissait d'autre alternative que celle de subir la mort ou de la coiffer au poteau. Toutes choses qui, naturellement, écartaient l'hypothèse d'un suicide délibéré, mais confirmaient celle d'un abandon.

Cloîtré dans ma propriété, je m'essayais à des travaux rudes : charrier des pierres, égaliser le terrain, tailler, planter des arbres, occupant mes muscles pour m'interdire de séjourner dans ma tête, où s'épandait une lueur de cave. Impossible d'y voir

1. Toutes les deux divorcées, peu après la mort de mon père.

clair. Tout était sens dessus dessous. J'étais accablé à l'idée que mon père ne puisse connaître les dégâts que sa disparition avait provoqués : c'est aussi ce que j'avais exprimé dans la lettre glissée à l'intérieur du cercueil, poste restante infinie, à moins que les tombeaux un jour ne s'ouvrent sur l'impatience des morts, que le temps ne s'arrête, et que mon père ne vienne en personne cogner à ma porte pour m'accuser réception du message : je voudrais bien devenir fou pour croire ces choses-là, puisque saint Paul nous affirme qu'il faut être fou pour les croire, et même saint Augustin : *Credo quia absurdum* [1].

Imbibé de neuroleptiques, je bouchais mes yeux, mes oreilles, ma bouche, pareil aux trois singes de la sagesse. Je me recroquevillais dans l'instant, sautant de minute en minute sans jamais mettre le pied sur un sol qui se fût dérobé sous moi. Parfois je m'éreintais à courir sur dix kilomètres de caillasse, regardant fixement le sentier devant moi, qui se déroulait comme un ruban sans fin, et je crois bien que si je m'étais arrêté un instant au milieu de ces bois désormais minés de souvenirs qui m'eussent explosé à la figure et arraché les entrailles, on m'aurait retrouvé allongé sur le sol, bon pour l'internement psychiatrique.

Ma femme et mes deux garçons (sept ans, un an), je les voyais sans distinguer nettement leurs contours, leur être propre, s'entend. Les sentiments que j'éprouvais à leur égard étaient ceux que m'inspirait une affreuse compassion. Leur existence me crucifiait, parce que je les savais composés presque

1. Je le crois *parce que* c'est absurde.

exclusivement d'eau – une eau pensante, souffrante, une eau qui regardait, et leurs regards m'épouvantaient, car il eût fallu que je fusse Dieu en personne pour leur épargner et la souffrance et la mort et le temps, moi que guettait le petit tas de boue fétide qui n'a de nom dans aucune langue, et qui ne détenais pas le pouvoir de ressusciter les cadavres, de rendre la vue aux aveugles, le mouvement aux paralytiques, la paix aux fous, moi qui avais contribué à la fabrication de la personne consciente, dans ces deux garçons désirés et cependant accidentels, comme un brin d'herbe ou la fourmi qu'on écrase en marchant. L'apparition de la personne humaine, dans un univers dont tout dément la nécessité et le bien-fondé, c'était une espèce de crime dont je me sentais responsable. Si l'un de mes enfants disparaissait avant moi, il me tuerait mais ce ne serait que justice, car ce serait moi son assassin.

Et pendant que je ruminais ces abominations, *L'Épervier de Maheux* poursuivait son ascension jusqu'au-delà des frontières. Partout je recevais en personne, ou par livre interposé, un accueil qui me laissait de marbre. De la Roumanie au Brésil et à l'Argentine, du Canada à la Grèce ou à l'Italie, des Pays-Bas à l'Afrique francophone, de Madagascar à Tahiti, le courrier m'arrivait, les témoignages de sympathie, des cadeaux, des grigris, des fleurs séchées, des pincées de terre glissées dans l'enveloppe, des mèches de cheveux, des photos – dont une, venant d'Halifax (Nouvelle-Écosse), qui montrait le visage d'une jeune fille d'une beauté à détrôner les stars de Hollywood, et accompagnée d'une lettre aussi belle que sa signataire. Mon père vivant, j'aurais sûrement sauté dans l'avion pour aller admirer cette merveille de près. Mais mon bureau s'emplissait en vain de ces messages venus des quatre coins du monde : j'étais aux abonnés absents.

Je ne répondais presque jamais aux appels téléphoniques, si nombreux que Michèle, qui s'était mise en disponibilité dès juin 1973, avait troqué son poste d'institutrice contre celui de standardiste. Les lettres s'amoncelaient en vrac sur le divan de mon bureau : je lui laissais le soin d'y répondre à ma place, tant me pesait la plume au bout des doigts. Des magazines à grand spectacle me réclamaient des reportages sur des îles ou des pays lointains. J'esquivais les invites, accompagnées de contrats généreux. Les comités d'entreprises, les bibliothèques, les associations culturelles me demandaient des conférences. Les collèges, les lycées, les facultés me proposaient d'exhiber ma salade devant leurs élèves et leurs étudiants. Des peintres me harcelaient pour m'arracher une page destinée à rehausser (?) leurs vernissages. Les manuscrits m'arrivaient à raison d'une dizaine par semaine, précédés de tartines de dix pages où l'auteur me fournissait le mode d'emploi de son ouvrage. Certains abattaient leurs cartes d'entrée de jeu : « Si vous parvenez à me faire éditer, je vous verserai une commission. » Ou encore : « Ce que vous allez lire mérite le Goncourt. Si je ne l'obtiens pas, je m'arrête d'écrire. » Un homme sur le déclin qui m'avait adressé le récit de ses exploits amoureux me proposa de faire de moi son héritier si j'acceptais de corriger son manuscrit, ce qui eût revenu à jeter celui-ci à la poubelle et à écrire un roman pornographique à partir d'insanités inutilisables.

Lorsqu'il m'arrivait de me rendre en ville pour faire des emplettes, des créatures de tous âges et de tous sexes m'arrêtaient dans la rue, me piégeaient à la sortie des grandes surfaces : « Ma vie est un roman. » Ce qui signifie généralement un exécrable feuilleton, style *Dallas*, en moins huppé. Aventures clandestines, règlements de comptes entre frères et sœurs, abandons du domicile conjugal, constats d'adultère, enfants pris en otage par leur alcoolique de père ou une mère collectionneuse d'amants. Batailles rangées entre des Montaigus et des Capulets, niveau Poujade. Enfin, la crème du genre, qui demeure le dénominateur commun de la France profonde : la captation d'héritage. Le tout assaisonné de beaux-frères félons, de belles-sœurs nymphomanes.

Encore aujourd'hui, je n'en ris que du bout des lèvres : quand on s'est bien mis dans la tête qu'entre *Détective* et Balzac, la différence est mince pour le public le plus généreux des librairies, celui qui fait bouillir la marmite des éditeurs en consommant les bouquins d'actualité, les autobiographies de stars, les romans destinés à finir en tranches sur le petit écran – et le prix Goncourt –, on éprouve le sentiment d'appartenir à une secte en voie d'extinction, conservée dans le formol des honneurs à titre de curiosité, ou dans les bibliothèques d'une société qui se donne bonne conscience à bon marché, en achetant des livres qu'elle ne lit pas, ce qui est attristant, ou qu'elle lit de travers, ce qui est accablant.

D'où la pente des auteurs les plus distingués à

nous fourguer des romans ficelés d'un adroit coup de patte et qui font pleurnicher les chaumières, jacasser les salons ou se régaler les amateurs de cigares et de vieux cognacs, lesquels n'aiment guère qu'on dérange les choses ni qu'on s'avise de montrer le monde à l'envers, c'est-à-dire tel qu'il est aux yeux d'une certaine innocence sans laquelle la littérature ne serait que cette putain dénoncée par Claudel. Dans un moment de lucidité, André Chamson, que j'aimais bien en dépit de sa soif de médailles et de fauteuils – mérités, du reste –, m'avait dit : « On nous aime pour ce que nous avons de pire, on nous déteste pour ce que nous avons de meilleur. »

C'est à peine si aujourd'hui je prends la mesure de cette évidence. Il n'est pas recommandé de s'attaquer à un ordre qui a pour mission d'assurer le confort des esprits. Si l'on touche à la hache, il faut dissimuler celle-ci sous un bouquet de roses et se garder de prendre à son propre compte les éclats ou les égarements de nos personnages de fiction, auxquels on n'a déjà que trop tendance à nous assimiler. Jamais l'évidence nue et crue n'a été bonne à dire. Je me demande si l'écrivain dispose d'une marge de manœuvre plus grande devant ses lecteurs que l'homme politique devant ses électeurs. A moins de choisir la misère ou d'être né à l'abri du besoin, on se voit condamné à mettre en circulation des livres où le code essentiel est écrit entre les mots, camouflé sous l'apparence la plus commune, et après tout c'est peut-être là une contrainte excellente à laquelle nous devons plier nos orages et nos rages, et cette contrainte s'appelle le talent. Mais à ce jeu les moyens se substituent volontiers à la fin, et l'écriture se complaît dans sa propre musique, ayant oublié en chemin la destination qu'elle s'était fixée. « Un régal », conclut généralement la critique pour le grand public, qui se fait la complice de la passivité du lecteur et de la filouterie de l'auteur. Il faut apprendre à placer la barre au ras des pâquerettes et à sauter six mètres au-dessus, exploit qui ne s'acquiert qu'au prix de nombreuses chutes.

Jean-Jacques descendit à Domessargues en juin, porteur d'un chèque dont le montant aurait dû faire de moi le milliardaire que j'ai toujours rêvé d'être pour écrire à ma guise – c'est-à-dire en me laissant aller à mes vices préférés sans avoir à redouter la tiédeur du public ou l'hostilité des éditorialistes. J'ai calculé par la suite qu'au prix où était l'or à cette époque-là, j'aurais pu me payer entre cent cinquante et deux cents lingots : le pétrole n'avait pas encore fait des siennes, et la BMW que je m'étais offerte, ayant toujours envié les pur-sang, ne coûtait alors que vingt mille francs lorsque, aujourd'hui, il faut multiplier ce chiffre par sept ou huit. Je remis le chèque à ma banque et confiai à celle-ci le soin de placer cet argent comme bon lui semblait. Malgré ce pactole, je continuais à vivre sans rien changer à mes habitudes et à penser qu'aux plaisirs coûteux s'opposaient les joies gratuites – si joie il y avait à n'avoir guère plus d'appétit pour le bolide que je m'étais offert juste avant la mort de mon père que pour les randonnées stériles qui me lançaient sur les chemins en quête des aubes d'été. Je ne parvenais pas à admettre que mon père fût mort, me réveillant en sursaut la nuit, pour avoir cru l'entendre m'appeler depuis le pied de mon lit comme il le faisait, en des temps immémoriaux, quand nous partions à la découverte du monde et à la recherche de son secret. Il avait emporté avec lui le meilleur bénéfice du prix Goncourt : la joie que j'avais éprouvée à le lui offrir sans que le destin lui ait laissé le loisir d'en être heureux. Au lieu de la voiture neuve que je m'étais promis de lui payer, c'est un cercueil en chêne qu'il avait obtenu en récompense des trésors dont il avait gratifié mon enfance.

Je me surprenais parfois à éclater d'un rire affreux lorsque je me promenais seul dans les bois. La seule foi que j'eusse, quelques vieux débris de crédulité, ne me servait qu'à haïr Dieu, à proférer des blasphèmes qui n'obtenaient pas plus d'écho dans les mirages dont est capable une conscience réduite à merci que ne l'eussent fait mes actions de grâces. Je songeais, pour aggraver le cas du maître problématique de l'univers, aux juifs calcinés dans les fours, aux enfants étranglés par la diphtérie dans les régions malsaines, aux inondations, aux tremblements de terre, aux innocents pourchassés, aux bourreaux coulant des vieillesses prospères, aux milliards de cadavres entassés derrière moi pour m'avoir permis de pousser sur leurs cendres. Je butais, plus encore, sur l'ineptie de l'invisible, ce jeu de cache-cache insensé entre les hommes et le grand Absent qu'ils s'étaient donné pour maître, cette maladie mentale dont souffrait notre espèce depuis l'aube des temps, une espèce condamnée à opposer à la cruauté de sa condition les fantaisies que la peur et l'impuissance lui inspiraient. La mort de mon père, survenue au moment où je pouvais peut-être lui apporter le soutien qui lui eût été assurément nécessaire, car la vieillesse lui eût été épreuve insupportable, à lui qui paraissait avoir à peine dépassé la cinquantaine, alors qu'il avait soixante-douze ans, sa mort trancha net les ultimes radicelles qui me liaient à l'arrière-monde, dont j'avais été un halluciné permanent, selon la célèbre formule de Nietzsche.

Je croyais avoir payé mon Goncourt le prix fort. Ce n'était que la première échéance d'une dette que j'étais loin d'avoir épongée.

En octobre de la même année, Michèle et moi étions à Paris, invités par un photographe avec qui je venais de terminer un reportage léché sur les Cévennes pour un magazine grand genre, je ne me souviens plus lequel. Nous dégustions nos apéritifs, lorsque ma femme poussa un cri aigu et s'effondra sur la moquette. Revenue à elle après force claques et administration d'eau glacée, elle parvint à bafouiller quelques mots, entrecoupés de nausées, une main appuyée contre sa tempe, où cognait une douleur de plus en plus violente, d'après ce que je parvins à saisir, l'oreille collée contre ses lèvres blanches. L'autre bras, le gauche, pendait inerte le long du corps. « Je n'y vois plus, je suis aveugle », parvint-elle à articuler. Le médecin accouru lui fit une piqûre de Valium et me demanda, après examen, si ma femme était sujette à des crises d'hystérie. Les quelques connaissances que j'avais acquises dans le domaine médical suffisaient à me révéler l'ineptie de cette hypothèse. Aidé par mes amis, je la ramenai immédiatement à l'hôtel où, sous l'effet de la piqûre de Valium, elle s'endormit tandis que je passai la nuit à lui prendre le pouls. Dès l'aube, nous reprenions l'autoroute pour Nîmes. Elle somnola durant tout le trajet. Il semblait qu'elle eût recouvré une partie de sa vue, mais se plaignait de maux de tête, lorsqu'elle sortait de sa torpeur, et son bras gauche demeurait inerte.

Les mains crispées sur le volant, avalant les kilomètres à cent quatre-vingts à l'heure, j'envisageais deux hypothèses, aussi néfastes l'une que l'autre : rupture d'anévrisme ou néo-formation, c'est-à-dire tumeur. La paralysie du bras gauche et la perte partielle du champ visuel ne laissaient subsister que bien peu d'espoir dans mon esprit. Cinq heures après notre départ, nous arrivions à Domessargues, où notre généraliste fut convoqué sur-le-champ. Après avoir longuement examiné Michèle, il m'attira dans le couloir et fit la grimace.

– Je ne peux rien dire. Il faut l'hospitaliser dès demain à Montpellier et entreprendre toute une série d'examens. Votre femme était sujette à des migraines et à des vomissements pendant la période des règles. Ce n'est peut-être que ce qu'on appelle une « migraine accompagnée ». Mais je ne peux pas prendre de risques, car je la trouve très affaiblie et il ne me semble pas, pour autant que je puisse en juger avec les moyens du bord, qu'elle ait récupéré ni une vision normale ni l'usage de son bras gauche.

Tout ce funèbre mois d'octobre, et même le mois de novembre, je les passai dans les affres d'une terreur abjecte. Scintillographie, électro-encéphalogrammes, fonds de l'œil, analyses, diagnostics contradictoires, allant du spasme bénin à la tumeur maligne. Un professeur solennel, compétent, imbu d'un pouvoir qui faisait trembler toute son équipe, déclara qu'aucun des examens précédents ne permettait d'asseoir des conclusions sérieuses et qu'une artériographie s'imposait.

Me prenant à part, il me rassura en m'affirmant que peu de patients risquaient leur vie à subir cet examen délicat, qui entraînait parfois des paralysies, très rarement la mort. L'anesthésie générale épargnait au malade à la fois la souffrance et l'angoisse de ne pas se réveiller *(sic)*. Hébété, j'écoutais ces propos burlesques, me demandant si j'allais exécuter cet homme en lui enfonçant son coupe-papier dans la gorge ou mijoter l'enlèvement nocturne de la malade. Mais je n'avais pas encore tout entendu.

– Votre métier d'écrivain ne vous entraîne-t-il pas à délaisser votre épouse ?

– Délaisser mon épouse ? Je ne quitte jamais la maison...

– Peut-être, mais votre prix Goncourt l'a certainement perturbée plus que vous ne le pensez. Vous, subitement en pleine lumière. Elle, dans l'ombre. Sa maladie semble bien correspondre à votre brusque gloire. C'est une réponse de son organisme.

– Mais ces troubles existaient déjà depuis des années.

– Cela n'a fait que frapper sur le point faible.

– En somme, c'est moi qui vais tuer ma femme.

– N'allons pas jusque-là, mais tout laisse à penser que vous devriez changer votre façon de vivre. Il est impératif que vous demeuriez le plus souvent possible auprès de votre épouse (la suite des événements prouva que j'aurais dû m'absenter aussi fréquemment que possible, car c'était la présence continuelle d'un homme disloqué qui lui pesait).

– Est-ce vous qui l'avez obligée à prendre la pilule ?

– Non. Son généraliste la lui avait prescrite pour atténuer les malaises qu'elle ressentait en période de règles.

Mon interlocuteur eut l'air dépité.

– Monsieur le Professeur, si vous pensez que cet accident est d'origine psychosomatique, à quoi bon cette artériographie (pour laquelle il fallait signer une décharge) ?

– Parce qu'il faut savoir si votre femme a oui ou non un cancer ou une malformation quelconque.

– Et en quoi, je vous prie, le Goncourt a-t-il quelque chose à voir là-dedans ?

– Il faut envisager toutes les éventualités avant de se préparer au pire.

– Et quel rôle peut jouer la pilule dans un cas comme celui-ci ?

– Les œstrogènes et les progestatifs qui la composent peuvent provoquer une hyperlipidémie chez certains sujets, notamment si les ascendances montrent une tendance à l'hypertension et à l'obésité (ce qui était le cas). Cette hyperlipidémie provoque un bouchon au niveau des carotides, et le cerveau mal irrigué est victime d'un spasme. C'est la trombose cérébrale. A-t-on effectué une analyse de sang avant de prescrire cette fichue pilule à votre épouse ?

– Non, pas qu'il m'en souvienne.

– Parfait. Nous tenons peut-être le bon bout. Mais songez à entourer votre femme de beaucoup de tendresse. C'est bien joli d'écrire des romans et d'avoir du succès, mais cela ne constitue pas un but suffisant pour unir un couple.

– Je n'ai aucune raison d'en douter, monsieur le Professeur. Mais je ne savais pas le prix Goncourt capable de fabriquer des bouchons de lipides.

– Tout est lié, vous dis-je. J'adresserai le résultat de l'examen, qui doit avoir lieu demain matin, à votre généraliste.

Je passai la nuit dans un hôtel qui appartenait à mes beaux-parents, situé juste en face de l'hôpital. Je me souviens être resté étendu sur le sol, dans le noir, les bras en croix, pendant je ne sais combien de temps, comme un novice à la veille de prononcer ses vœux. Je passai avec un Dieu évasif des marchés abracadabrants, m'engageant à ne plus écrire une ligne, à me mettre à l'eau, à ne plus fumer, à détourner la tête au passage des jolies filles, à vouer mon existence à des œuvres de charité, à enrôler ma plume au service du tiers monde. J'échangeai mon existence contre celle de Michèle. Ayant fait le tour de tous les sacrifices, j'en vins, lorsque pointa l'aube, à conclure avec la Providence un arrangement raisonnable : qu'elle s'en tire et me quitte. Un amant contre un cancer. Un nouveau mari, puisqu'il semble que je ne fasse plus l'affaire, mais arrache cette femme à la mort, si Tu as quelque chose dans le ventre, Dieu d'Israël. Si Tu n'existes pas, je prends Ta place et m'investis des pouvoirs qui Te sont conférés, aux fins aléatoires de changer la fatalité des événements.

Je me rendis en titubant comme un poivrot

jusqu'au pavillon où l'examen redoutable devait avoir lieu. Ma femme passa devant moi, étendue sur une civière, son visage cireux la faisant déjà morte et cadavre. Une heure après, elle ressortit du bloc sur sa civière, plus livide encore, mais vivante.

L'interne de service, devant ma détresse, trahit son patron et me livra sur-le-champ le résultat de l'examen : pas de tumeur. Aucune trace de rupture d'anévrisme. Rien de méchant, en somme. A peine si l'artériographie avait décelé un très léger rétrécissement de l'une des carotides, effet du spasme plutôt que d'un dépôt de lipides, selon l'interne.

– Tout ça n'est pas bien méchant, me dit-il en m'entourant les épaules d'un bras affectueux.

Je l'embrassai en pleurant et repartis me mettre au lit, où je sombrai, somnifère à l'appui, dans un sommeil épais.

Une semaine plus tard, nous étions de retour à Domessargues. Le traitement prescrit se composait de vasodilatateurs, de tranquillisants, assorti d'un léger régime et – souligné de la main péremptoire du professeur – *d'une vie paisible et sans émotion.*

La voix blanche, les traits marqués, les joues creuses, la démarche incertaine, Michèle passait le plus clair de son temps au lit. Je faisais la cuisine, lui apportais sa nourriture sur un plateau garni de petits cadeaux, de magazines dont elle me remerciait d'un poignant petit sourire crispé, comme si elle ne parvenait pas à croire que le pire lui fût épargné.

Le temps passait, les semaines, les mois, aucune amélioration sensible ne laissait entrevoir une guérison définitive. Son bras gauche restait engourdi, une hémianopsie lésait une partie de son champ visuel, et sa faiblesse la clouait au lit sans qu'elle eût la force ou l'envie de lire, de regarder la télévision. Le généraliste venait lui rendre visite deux fois par semaine.

– Je trouve cette convalescence bien longue, me disait-il. J'ai peur qu'il n'y ait autre chose.

J'essayais de lui arracher les mots : se pouvait-il que l'artériographie n'ait pu déceler une tumeur plus profondément enfouie ?

– Non, non, il ne s'agit pas de tumeur. (Après un silence) : Comment ça fonctionnait entre vous, je veux dire sur le plan moral et au lit ? Vous vous entendiez bien avec votre femme ?

C'était la seule question à laquelle je ne pouvais répondre ni par non ni par oui.

Pour que ma réponse fût négative, il eût fallu ne pas compter sur ma faculté d'adaptation et de renoncement, qui consistait à taire mes doutes, mes réserves, à l'égard d'une jeune femme qui m'avait courageusement soutenu pendant les années difficiles. Pour qu'elle fût positive, il eût fallu que je fisse abstraction du sentiment d'isolement, de solitude que je ressentais souvent et qui rendait mon caractère irascible. Comment reprocher à quelqu'un de n'être pas conforme à l'image idéale que vous avez cajolée pendant les premiers temps de l'emportement amoureux ? Comment ne pas aussi se sentir responsable des méfaits provoqués par nos propres défaillances, c'est-à-dire par l'impossibilité où nous sommes de jouer un jeu dont il nous semble que les règles ne correspondent plus à celles qu'on croyait ? Toutes ces circonvolutions signifient simplement que je refusais de voir la vérité en face, parce que l'attachement l'emportait sur la désillusion et que la compassion (souffrir avec) est le sentiment le plus durable, le plus actif que j'aie jamais éprouvé pour les êtres, surtout les sachant moins outillés que moi pour faire face aux épreuves de la vie et en tirer des leçons positives. En somme, j'en voulais secrètement à Michèle d'être obligé de m'adapter à un monde qui n'était pas le mien, comme sans doute elle devait me tenir rancune des défauts inséparables de l'intérêt que je pouvais présenter à ses yeux. Il faut une parité absolument parfaite entre un homme et une femme pour que chacun s'emploie à accepter chez l'autre des travers grands ou petits qui ne peuvent manquer d'assortir les vertus, les charmes que nous lui avons trouvés. La cravate qui traîne dans un coin, les cheveux collés dans la baignoire, l'histoire cent fois entendue, le rabâchage des mêmes idées fixes, les tics, la manière de se tenir à table, de se gratter l'oreille, de conduire sa voiture, comme un fou furieux ou une limace, provoquent l'attendrissement ou l'exaspération selon qu'on a accepté le fruit avec ses pépins, ou tout épluché dans l'assiette, tel qu'il se présente les premiers temps.

Aussi la question du médecin me prenait-elle de court. Je restai évasif.

– Cela dépend des jours, comme tout le monde. Je ne suis pas facile, et elle n'est pas commode. Croyez-vous que le retentissement de ma récente et peut-être trop brusque notoriété ait pu provoquer chez elle un soudain relâchement de l'effort soutenu pendant les huit années précédant cette récompense ?

Je pensais à mon père, mort, me semblait-il, pour des raisons semblables à celles qui avaient peut-être réduit une belle jeune femme à l'ombre d'elle-même.

– Il y a de ça, me répondit-il. Le but est atteint, et elle s'effondre au moment d'en récolter les bénéfices. Du moins j'espère que le problème n'est que de cet ordre-là.

Il observait dehors la piscine de dix-huit mètres que Michèle avait tant désirée et qui ne m'inspirait, à moi, qu'une répulsion mal dissimulée.

– Pourvu qu'elle puisse en profiter, conclut-il en regagnant sa voiture.

Il ne fallut pas moins d'un an pour qu'une amélioration appréciable de son état morbide se fît sentir. Je tremblais à l'idée d'une rechute. Quand une chaise tombait, qu'un des garçons poussait un cri, je dévalais l'escalier de mon bureau, et c'était pour lire sur le visage de la convalescente l'agacement que lui causait mon affolement. C'est à partir de là que je sus la partie perdue, et elle sauvée. Mon marchandage avec Dieu, ou je ne sais quelle puissance aveugle un instant amicale à mon égard, avait porté ses fruits. Depuis qu'elle avait repris du poids et des couleurs, le médecin qui la suivait m'avait avoué avoir craint le pire, indécelable avant que le mal n'évolue : sclérose en plaques. J'avais trop d'imagination pour n'y avoir pas songé moi-même.

– Elle s'en est finalement tirée à bon compte, me dit-il. Mais je crains bien que le plus dur ne reste à faire.

– Que voulez-vous dire ?

Je connaissais la réponse avant de poser la question.

– Lui rendre le goût de vivre. Laissez tomber votre travail. Faites des voyages. Distrayez-la. Sortez de cette maison qui lui pèse aux épaules; à vous aussi, j'imagine.

Laisser tomber mon travail, je n'eus pas grand peine à le faire. Cela faisait bientôt trois ans que je n'avais pas écrit une ligne, hormis des bricoles : préfaces, articles, foutaises.

De mon côté, mon propre état de santé recommençait à me donner des inquiétudes. Non point que je me soucie désormais de retrouver les paradis perdus, ni même d'être heureux, mais j'étais talonné par la hantise de ne pas honorer mes dettes envers une récompense dont le grand public ignore trop souvent qu'elle avait à l'origine pour but d'aider un jeune écrivain à poursuivre son œuvre en toute quiétude. J'imaginais les ricanements des confrères qui m'attendaient au tournant avec leurs grandes escopettes. La déception de ceux qui avaient applaudi à mon succès.

Je m'enfermais dans mon bureau. J'avais en tête un beau sujet de roman, un peu trop beau peut-être. L'action de cette *Caverne des pestiférés*, se situant en 1835, réclamait plus de recherches et d'échafaudages qu'il n'en faut pour écrire un roman dont les éléments sont à portée de main, dans l'époque où nous vivons. Je me lançai dans ce travail préparatoire qui me coûta deux ans de recherches dans les archives, les bibliothèques, les actes notariés. Je n'étais pas historien, il fallait que mes informations fussent inattaquables. Ce labeur ingrat ne me réclamait cependant aucun effort qui mît à l'épreuve mes facultés intellectuelles. Une fois que j'eus rassemblé tout le matériau nécessaire à l'élaboration du roman, je fus épouvanté de constater que je ne pouvais écrire une ligne qui ne me parût indigente. Le bureau flambant neuf d'où je pouvais embrasser d'un seul coup d'œil cette chaîne de montagnes qui m'ont toujours embrasé le cœur, j'y tournais des heures à moudre du vide, à ne pouvoir rassembler dans mon esprit la moindre phrase cohérente. Je regardais voyager les nuages, au loin, et ils me disaient que le temps passait tandis que je demeurais immobile, pétrifié par l'impuissance. Je ressassais dans une rumeur de débâcle l'accident de mon père, dont la disparition demeurait aussi cruelle, la maladie de ma femme, qui semblait ne se rétablir que pour s'éloigner de plus en plus, de tout ce pour quoi elle avait lutté, de ma propre personne, qui ne l'attirait plus, enfin la solitude de ma grand-mère et de ma mère, qui n'avaient vu revenir mon père que pour le mettre en terre peu de temps après. Mes garçons grandissaient, je ne leur étais guère utile, car j'avais une perception si aiguë du temps qui s'enfuit et de la futilité de tout que le moindre changement m'était intolérable. J'allais me cacher dans les bois pour y sangloter tout mon soûl. Je restais étendu des heures durant sur le divan de mon bureau, incapable de fixer mon attention, de lire, de rêver sans me sentir gagné par une torpeur qui me faisait dormir le jour et garder les yeux grands ouverts la nuit. Je me voyais contraint d'augmenter les doses de tranquillisants, qui affaiblissaient de plus en plus mes capacités de travail. J'essayais de fortifier ma mémoire en apprenant par cœur les textes que j'aimais. Je me mis à la bicyclette pour trouver le sommeil dans les cinquante kilomètres que je m'imposais tous les jours. Je tentai à diverses reprises de me priver de ces béquilles chimiques qui tenaient la tête hors de l'eau pour mieux me noyer lentement : les effets du sevrage étaient aussi horribles que les méfaits de la consommation.

Il y avait enfin l'enfermement dans le succès d'un livre, un livre qui me collait à la peau comme un label dont je n'étais pas près d'être débarrassé. Seul un autre succès, dans la foulée du premier, serait parvenu à me débarrasser de ce costume défraîchi dont je ne voulais plus entendre parler. Mais les légendes ont la vie dure. J'étais l'homme à l'épervier, aimé pour ce qu'il n'était pas par une foule de lecteurs avides de retrouver dans le prochain roman les denrées qui ne se trouvaient pas dans le premier. Une partie des Cévennes m'applaudissait, l'autre voulait ma peau. J'appris, plus tard, qu'un conseiller général, au cours d'une crise d'hystérie, m'avait fait l'honneur excessif de rafler tous les exemplaires de mon roman qui lui étaient tombés sous la main pour les entasser sur la place publique, les arroser d'essence et y mettre le feu [1], comme on faisait jadis avec les livres interdits ou jugés pervers par les inquisiteurs. Un ami cévenol, aubergiste de son état, m'assura qu'en ces montagnes austères, c'était la première fois qu'un écrivain avait touché à la vérité [2] de façon aussi brutale, et que les retardés mentaux ou les introvertis ne me le pardonneraient pas. Déjà,

1. Historique.

2. La misère masquée par le folklore et le fatalisme des pays prisonniers d'un grand passé.

Chamson et Chabrol avaient fait les frais des hargnes locales. Caldwell, après la publication de *La Route au tabac* et du *Petit Arpent du bon Dieu*, s'était trouvé dans une situation identique, essuyant les foudres du gouverneur de la Géorgie frappé d'une crise d'apoplexie en dénonçant au micro les invraisemblables excès dont l'auteur avait souillé son canton natal.

Sentant par avance gronder l'opprobre au-dessus de ma tête, j'avais cru bon de préciser dans une préface de vingt lignes que le cas traité dans mon roman était marginal. Pousser la romance sur la châtaigne, la Bible, les guerres de religion ou les luttes ouvrières n'entrait pas dans mes vues : d'autres l'avaient fait à ma place. Et j'étais particulièrement fier qu'on m'affirme au Canada ou en Grèce que mon histoire pouvait s'y dérouler tout aussi bien qu'en Cévennes. Mais qui lit les préfaces ? Et un trop grand tapage avait finalement répandu dans les coins les plus reculés un ouvrage *à ne pas mettre entre toutes les mains*. Une fois les passions calmées, j'appris qu'on avait balisé sur les lieux de mon crime un itinéraire pédestre de *L'Épervier de Maheux*. Ce qui ne fit qu'attiser la rage des vieux hiboux locaux, car les touristes se disputaient les ardoises des toitures qu'ils rencontraient sur leur chemin.

Lorsque je posais ma plume sur le papier, c'était pour me dire qu'un potentiel de cinq à sept millions de lecteurs français regardaient par-dessus mon épaule pour me tirer l'oreille si je sortais du cadre qui m'était dévolu. Des lettres de lecteurs arrivaient toujours, éblouies, éperdues de reconnaissance, des visites, des appels téléphoniques, toutes sortes de témoignages me rappelaient à l'ordre. On me réclamait un fils de *L'Épervier*, ce à quoi je me refusais bien évidemment avec la dernière énergie. Le succès avait fait de moi son obligé, mais par bonheur les épreuves que j'avais subies, après une jeunesse détériorée, me rendaient incapable de me singer moi-même : je n'avais pas le tour de main pour presser le même citron jusqu'à l'écorce, et, d'autre part, malgré mon délabrement intérieur, il m'arrivait de sentir en moi la présence de nouveaux filons que je ne désespérais pas de pouvoir exploiter un jour.

En 1975, j'achetai pour une bouchée de pain un terrain dans un lieu-dit La vallée du Bonheur, situé sur le massif de l'Aigoual, à douze cents mètres d'altitude. J'y fis bâtir un chalet rustique par une entreprise finlandaise qui envoya un camion chargé de bois du nord, accompagné de deux colosses velus comme des ours, lesquels abattirent en quinze jours la tâche de dix ouvriers, tout en vidant un nombre impressionnant de bouteilles d'alcools de toute nature.

Cette vallée du Bonheur, dont le nom outrageusement sucré paraîtrait une mauvaise invention s'il n'était tout simplement celui de l'abbaye devant les ruines de laquelle j'avais campé depuis de nombreuses années, c'était mon Royaume du Nord, celui qu'enfant j'avais entrevu entre ciel et terre. Patrie des eaux libres et glacées, du vent d'ouest qui fait chanter les pierres sur une musique aigrelette, des vastes mouvements de nuages, d'un air limpide et argenté, d'une lumière crue et vorace, des ombres fraîches quand l'été crépite de tous ses insectes dans les hautes herbes, des forêts d'épicéas, de mélèzes, de douglas et de sycomores, sombres et odorantes comme des églises, des grandes hêtraies sous lesquelles on dirait qu'ont officié les druides – un site qui ne ressemble en rien aux Cévennes classiques et fait plutôt songer à certaines régions du Québec ou de la Nouvelle-Angleterre.

Mon père vivant, une femme heureuse et animée de bonnes intentions auprès de moi, j'aurais peut-être été au comble d'un bonheur qui se refusait à moi au moment où je pensais avoir réglé mes comptes avec un passé boiteux. Mais il y avait entre moi et l'esprit des choses une distance infranchissable qui me faisait tout prendre du bout des lèvres. Une petite flûte lancinante et amère me jouait à l'oreille sa lugubre mélopée sur deux notes : « Trop tard, trop tard... », m'évoquant le chant triste de la hulotte qui, autrefois, me semblait annoncer la mort de l'été avant que ses splendeurs n'aient eu le temps de s'épanouir.

Je partais seul à travers les causses, dissipant dans leur immensité dénudée, pendant d'interminables marches, la conscience de mon être dont il semblait que l'espace me purgeât. J'étais en quête d'une transparence et d'une légèreté qu'on ne peut acquérir qu'au prix du meurtre de soi-même. J'enviais les lézards, les corbeaux, les rapaces dont j'observais la lente dérive lorsqu'ils se laissent porter par le vent. Je me serais voulu lichen, herbe rase, aubépine sauvage, pour épouser sans réserve la cause impénétrable du monde. J'en avais assez de traîner avec moi le statut d'être humain, de devoir supporter ce divorce permanent entre un cerveau halluciné et ce corps malmené, soumis à ses caprices, qui lui sert de monture.

Par ma faute, j'étais devenu ce que j'avais toujours espéré être : un homme qui rêve sa vie son stylo à la main. Mais l'écriture était-elle bien indiquée dans le cas d'un homme qui cherchait à se fuir ? Plutôt qu'elle ne m'offrait une planche de salut, elle me remenait sans cesse au centre de moi-même. Je finissais par m'identifier au misérable héros de *L'Épervier,* creusant avec ma plume une galerie sans fin à la recherche d'une source problématique, et je risquais un jour de ne plus pouvoir faire machine arrière, car tout se serait effondré derrière moi sous le poids des mots : je sombrerais dans la folie, comme l'avaient fait nombre d'illustres prédécesseurs.

M'arrêter d'écrire ? Au profit de quoi ? « Quand le cœur se détruira, avais-je noté dans *L'Épervier,* les distances seront abolies, et il n'y aura pas assez de tous les océans pour lui inspirer de nouveaux désirs. » Le soleil ni le vent n'avaient plus grand-chose à me dire, les saisons me faisaient horreur, l'univers était vide, il ne se passait rien et il n'y avait personne. En vérité, je me sentais orphelin à part entière, seul au monde, et incapable de m'ouvrir à quiconque du mal qui n'avait fait que croître et embellir, en dépit de quelques clairières où je l'avais cru surmonté. A la vue de leurs sourires carnassiers, de leurs joues replètes, je doutais de la loyauté des intellectuels préposés à l'examen du malheur d'être né. Jargonner sur ce thème suppose une santé de fer. Je n'avais qu'une envie : me terrer dans mon trou et me taire. Cacher ma honte, mon inaptitude à mettre en scène ma propre faillite.

Mais je ne m'en sentais pas moins l'obligé de six ou sept millions de lecteurs. Les planter sans égards pour leur fidélité me paraissait aussi inconcevable, aussi inélégant que de déserter le front à la veille de la bataille. D'autre part, je savais que tout ce que je fuyais en me diluant dans les étendues livides du Haut-Pays m'attendait dans mon petit bureau pour me prendre à la gorge. Je me culpabilisais à outrance, me disant que des écrivains plus talentueux que moi eussent tiré de tout ce succès un bénéfice qui entre mes mains tombait en poussière. Les académiciens Goncourt me poursuivaient jusque dans mes rêves, réclamant des comptes à mon impéritie, me sommant de prouver par une œuvre majeure que j'étais bien celui qu'ils avaient couronné. Cinquante kilos de lettres, enfouies dans un sac poubelle que je m'étais dépêché de fourrer au fond le plus obscur du grenier de Domessargues, un press-book qui ne comprenait pas moins de trois ou quatre cents articles publiés en diverses langues me pesaient sur la conscience comme autant de larcins commis au détriment de leurs signataires. Je ne me demandais même plus si j'avais envie de continuer à écrire ou non. Ce qui avait été une passion devenait un devoir. Mon caractère fantasque ne m'avait pas préparé à besogner une épée dans les reins. Je n'avais jamais écouté que mes éblouissements ou mes détresses. Les utiliser de sang-froid, avec méthode, en faisant métier de blessures qui ne pouvaient obéir qu'à des pulsions et non à des contraintes, cela me paraissait le comble de la supercherie. En même temps, je me rendais bien compte que ces nobles sentiments camouflaient une indigence liée à la nature même des quelques qualités qu'on voulait bien me reconnaître. En somme, la terrible difficulté que j'éprouvais devant la page blanche, je la devais au même mal qui me destinait à l'écriture : cercle vicieux dont je ne voyais pas comment sortir.

Des sortes d'illuminations intérieures me traversaient par instants : elles me semblaient à la hauteur des visées les plus ambitieuses. Mais devant un tel capharnaüm, ma plume se pétrifiait. J'étais un arbre dont la sève s'épuisait à irriguer des branches saccagées par les intempéries de la vie, et je ne produisais aucun fruit. Jusqu'à preuve du contraire, je n'ai jamais rencontré quiconque d'aussi mal administré que moi. Tant de gaspillage d'énergies pour rien, tant de ferveur dépensée en tempêtes superflues... Et toujours cette horreur que j'avais de moi-même, au point de trouver les blâmes, les éreintages plus précieux que les éloges, car ceux-ci me paraissaient usurpés, ceux-là conformes à mon ressentiment, et donc plus appropriés à une rédemption éventuelle. Mais plus je m'acharnais à demeurer devant la feuille blanche, plus je tentais d'exorciser le silence en écrivant des mots dont le sens se liquéfiait devant mes yeux, prenait un tour saugrenu, fussent-ils des mots ordinaires, moins j'obtenais de résultats : les efforts que je fournissais ne faisaient qu'obscurcir les nuées qui brouillaient ma tête, à mesure que j'essayais de lui arracher ses délires.

Jean-Louis Bory m'avait un jour avoué qu'il avait mis vingt ans à se remettre du prix Goncourt.

– Mais je vivais à Paris, avait-il conclu. Dans tes montagnes, tu devrais t'en tirer à meilleur compte.

J'ai appris, après sa mort, qu'il avait convaincu la plupart des jurés du prix Renaudot (auquel appartenait également Max-Pol Fouchet) de voter pour moi si le Goncourt m'échappait. *Retour à Uzès* avait frôlé le Fémina, cela aussi me fut rapporté pendant que j'épuisais mes forces à traverser le désert. Mais aucune de ces garanties supplémentaires ne m'apparut comme telle. Ces livres ne m'appartenaient plus, c'était un autre qui les avait écrits – c'est toujours l'autre qui écrit, dont nous ne sommes que le fantôme –, et les victoires passées ne sont que des défaites à long terme si l'on ne tient pas la distance jusqu'à la fin.

Jean-Jacques Pauvert me surveillait de loin, venait me voir, m'écouter, m'encourager, presque trop délicat envers un auteur qui eût peut-être gagné à être bousculé un peu. Le pire, c'était que je fusse à l'abri du besoin, quand, incertain de l'avenir, j'aurais probablement fait face plus honorablement aux épreuves que je venais de subir. Mais je traînais depuis toujours une âme démâtée, languissante, capable de tordre un fer à cheval dans un moment de fureur ou de grâce, pour s'effondrer ensuite et se laisser glisser au fil du moindre effort.

Je voyais fondre les jours sans qu'une ligne à peine écrite n'allât aussitôt à la corbeille. Toujours ce même dégoût de mon écriture, que je me lasse de répéter au fil de ces pages, au risque de lasser le lecteur, mais cette obsession a si longtemps empoisonné ma vie et stérilisé mon acharnement, qu'elle dépasse, on le verra plus loin, un simple trait de caractère. Je m'employais à modifier la forme des lettres, à me refaire une nouvelle identité graphologique; c'est là qu'on touche du doigt cette relation bizarre entre les abysses du cœur et la main qui en exprime malgré elle les secrets, sans qu'on puisse rien y changer, à moins d'acquérir la virtuosité du faussaire.

J'avais un contrat à honorer avec la maison Hachette, qui avait racheté les Éditions Jean-Jacques Pauvert. Dès le début de l'année 1976, je me remis au travail en serrant les dents. « Oublie-toi », m'avait prescrit Giono. Selon lui, la vie et la littérature s'inscrivaient sur deux registres différents qu'il ne fallait à aucun prix confondre. Comment aurais-je pu obéir à cette injonction, moi pour qui la littérature et la vie n'étaient qu'un même combat ? Depuis que le monde s'était éclipsé, je n'existais plus qu'à travers des mots qui ne parvenaient qu'à refléter sa disparition. Ce n'était même pas tout ce que je savais qui m'eût permis d'écrire, mais tout ce que j'ignorais. Et ce que j'ignorais ne se trouvait qu'au cœur même de mon être, non dans une certaine expérience de la vie, car on sait tout à quinze ans, et la suite ne va pas loin, ce n'est jamais que la gestion plus ou moins habile d'un désastre permanent. C'est sur ce terrain-là qu'il fallait une fois de plus engager la bataille, au risque de m'enliser dans les sables mouvants dont je n'étais jamais parvenu à me dépêtrer.

J'écrivis jusqu'à une trentaine de versions différentes du premier chapitre de *Lazare* [1], pour me rendre compte qu'après avoir noirci pendant des décennies des milliers et des milliers de pages, je n'en savais pas davantage qu'au premier jour. Je restais extérieur à ce que j'écrivais. Pour moi la jubilation de la plume ressemble à s'y méprendre à celle de l'amour-passion. Je n'ai pas les moyens de m'éclater pour une fille

1. Premier tome de *La Caverne des pestiférés.*

dont je ne suis pas amoureux. Ce que les autres appellent le plaisir m'ennuie vite. J'ai besoin qu'un visage m'obsède pour faire honneur au corps auquel il appartient. Cette faiblesse pardonnable à vingt ans ne l'est guère à quarante ou cinquante, prétendent les professionnels, et par malheur l'âge n'a fait dans mon cas qu'empirer les choses. Ainsi en va-t-il pour mes livres. Je déteste l'idée de m'amuser avec les mots comme on fornique. J'ai besoin qu'un roman m'embrase le sang, m'arrache à mon lit dès l'aube et me rende aveugle à tout ce qui n'est pas lui.

Les conditions dans lesquelles je me trouvais en amorçant la rédaction de *La Caverne des pestiférés* n'étaient guère favorables. Michèle, depuis sa guérison, habitait ma vie comme un bloc de silence mêlé d'hostilité. Depuis sa maladie, je ne reconnaissais en elle que ses défauts et aucune de ses qualités. Je ne pouvais dire un mot sans me cogner à son mutisme. Je me cachais pour souffrir. Je me cachais pour engager mon combat quotidien avec la page blanche. Je me cachais pour respirer. Je me cachais pour mourir lentement, tant je devinais combien tout de moi lui était devenu étranger (si tant est, me disais-je, qu'il n'en avait pas toujours été ainsi).

J'ai retrouvé quelques pages arrachées à mon carnet de notes – que je me garderai bien de comparer à un journal, ayant une grande répugnance pour ce genre, qui nous en apprend moins sur un auteur que la description d'un arbre ou d'un meuble dans l'un de ses romans – des pages datées du 17 juin 1976. Je me suis fait un devoir de n'y pas changer une virgule :

« Réveillé ce matin à cinq heures. Le Témesta me fait de moins en moins d'effet, bien que j'aie doublé la dose. Une heure de marche sur la petite route qui va à Mauressargues. L'Aigoual, au loin. Là-haut, il n'y a plus rien. Toutes ces vignes avaricieuses qui cernent le village me donnent mal au cœur. Douleur diffuse au côté droit. L'idée de me retrouver tout à l'heure dans mon bureau me donne également mal au cœur. Mais qu'est-ce qui ne te donne pas mal au cœur, imbécile ?

« A sept heures, dans mon bureau. Écrit trente-huit pages en six mois : un record. Après une heure de travail, je me sens gagné par la somnolence. J'ai dormi jusqu'à onze heures sur le divan, enroulé dans une couverture, comme en plein hiver.

« A mon réveil, épluché le courrier. Factures et requêtes. Migraine. Vertiges. Je me suis observé dans la glace : livide, comme d'habitude. On dirait que je me vide de mon sang par l'intérieur. J'ai fait quelques pas dehors, sous la lumière éblouissante. Je suis vite remonté dans mon bureau dont je ferme la porte à clé pour que personne ne me surprenne allongé sur mon divan, le nez contre le mur.

« Écrit des mots sur mon carnet de travail : " Chaleur. Silence. Sieste. Tête de mort sur la fontaine de Bagnols, odeur de désinfectant, flaques visqueuses et rougeâtres sur le trottoir. Ciel plâtré de chaux vive. On ne peut recommencer sa vie qu'à condition de mourir soi-même : Jourdan et le choléra. " Aucune étincelle entre ces bribes mortes. La mayonnaise ne prend pas.

« " Il y a des femmes qui vivent auprès d'un

homme comme le ferait un cheval. » (Tolstoï.)

« Dormi jusqu'à quatre heures. Bouche pâteuse. Plongé dans *La Vie de Rancé*. Modernité de ce texte. Qu'est-ce que la modernité ? Un chèque en blanc tiré sur l'avenir ? Stupidité des mots. Héraclite est la modernité. La roue est la modernité. Le soleil, quand on est capable de faire abstraction du mot soleil. La modernité, c'est tout réinventer soi-même. Ça fait des millénaires que certains hommes y consacrent leur vie. Avant, il y avait les bûchers pour s'opposer à la modernité. Maintenant, c'est la mode qui récupère l'écume de la modernité, et se vouloir moderne n'a pas plus de sens que de s'agripper aux vieilles lunes.

« Pour ceux qui réfléchissent sur ceux qui sont censés ne pas réfléchir, ayant ainsi barre sur eux : quand je vais au cabinet, j'emmerde la terre entière. Ça ferait un bon début de roman.

« Je sais moi aussi que mon âme appareille vers un affreux naufrage.

« D'où va tomber la guillotine, cette fois-ci ? Les catastrophes ont beau projeter leur ombre devant elles, on ne sait jamais par quel côté de notre vie elles vont se présenter.

« " Tout ce qui est humain m'est étranger. " (Nimier, *Le Hussard bleu*.)

« Il est sept heures du soir. J'écoute un disque de Milt Jackson, illustré d'une vue de New York au crépuscule : *If you can see me now*. Subir un lavage de cerveau, renaître de mes cendres. Un chalet dans le Vermont ou le New Hampshire. Demander le droit d'asile aux États-Unis : en fuite pour opposition au terrorisme franco-parisien. Écrire des polars. Me réfugier dans les cheveux d'une jeune Américaine qui aurait la passion du désert et me cuirait des *apple pie cream. White Christmas.* La neige croustillante du 25 décembre. Les gâteaux au gingembre. Poser ma bouche sur ta nuque perlière, dans le froid vif du matin. Qui es-tu ? Où es-tu ? Il y a en cet instant une femme qui m'attend quelque part dans le monde, ou peut-être dans un rayon de dix kilomètres, allez savoir. Carrière. Foutue saloperie, je finirai par avoir ta peau et je m'appellerai Salinger, ou Styron. Je descendrai mon whisky sans redouter les foudres de mon foie, ni de mon entourage.

« J'ai remarqué qu'au Canada, je buvais comme un trou sans en éprouver le moindre malaise. Dans l'avion, où je partageais la première classe avec le ministre de l'Industrie du Manitoba, nous avions éclusé, entre Paris et Montréal, quatorze bouteilles de Dom Pérignon. En débarquant à l'aéroport, je me sentais promis à tous les enchantements de l'oubli. Deux journalistes m'attendaient dans ma chambre, au Hilton Queen Elizabeth. Il faisait un froid de canard (c'était le 3 janvier). Compte tenu du décalage horaire, il était onze heures du soir pour eux, et pour moi, cinq heures du matin. Sous l'effet de la boisson, j'ai fulminé contre l'Europe, la France, Paris, le prix Goncourt, la littérature à l'estomac, les ronds-de-cuir de *Tel Quel*, la politique anti-Atlantique du gouvernement, la jalousie grotesque des grenouilles françaises à l'égard des États-Unis. Le tout assorti de grossièretés stupéfiantes. " Vous crachez dans la soupe ", m'a fait poliment remarquer un des deux journalistes. J'ai dit : " Non, je ne crache pas dans la soupe. Je pisse dedans. " Et Dieu dans tout ça ? J'ai dit qu'à force d'être désiré par les hommes, Dieu s'était mis à exister pour de bon, et qu'à ma connaissance, on n'aurait pas encore sa peau, au milieu de toutes les conneries humaines, Dieu était le meilleur argument qu'on ait trouvé pour justifier l'injustifiable, même si la pilule était parfois amère. J'ai déclaré que les athées me faisaient chier parce qu'ils confirmaient l'existence de Dieu, mais bêtement. J'ai déclaré que les croyants me faisaient également chier, parce qu'ils infirmaient tout aussi bêtement l'existence de Dieu. " Je voudrais que les athées sentent comme les mystiques, et que les mystiques pensent comme les athées. " Sainte Thérèse d'Avila. Sainte Catherine de Sienne. Simone Weil. A travers la fenêtre, je voyais les flocons descendre paisiblement sur le Nouveau Monde que j'ai toujours considéré comme ma véritable patrie, mis à part quelques arpents de terre brûlée dans le Sud de la France.

« Le lendemain matin, une superbe Noire m'apportait un somptueux petit déjeuner et le journal *La Presse,* dirigé par Roger Lémelin, mon éditeur canadien. J'ouvris le journal : stupeur. Tout ce que j'avais vociféré devant les micros se trouvait rapporté intégralement, insultes comprises et le " qu'ils aillent se faire enculer ", par lequel j'avais conclu les anathèmes fulminés contre ma mère Europe. Voilà une forme de journalisme que les Français ne supporteraient pas. Il faut avoir des couilles pour ne pas filtrer le message, en faire une tisane pour la France profonde.

« Il paraît que le peuple français est le plus intelligent de tous. Mais c'est un peuple de cinq mille personnes, concluait je ne sais plus qui. On a les politiciens qu'on mérite. On a la presse qu'on mérite. Les Français aiment la rhétorique parce que ça leur permet de ne pas appeler les choses par leur nom. »

Et dire que, chez moi, lorsque je buvais un verre de trop, j'étais malade comme un chien.

Malade de honte, parbleu. Mon médecin et ami Jean-Louis Raoux, installé à Lédignan, près de Domessargues, confirma le bien-fondé de mes soupçons. En Suisse, chez Jacques Chessex, qui m'avait invité dans son Valais natal après avoir obtenu le prix Goncourt pour son roman *L'Ogre,* j'avais pompé dès neuf heures du matin verre sur verre d'un fendant qui m'eût expédié en clinique si j'avais consommé ce crime à l'intérieur du territoire français. Idem à Munich, où, à l'occasion de la Coupe du monde de football, disputée en 1974, nous avions englouti des litres de bière à la Hoff-Brau, avec mes amis de la F.F.F., dont Jean Sadoul m'était le plus proche, par ses racines cévenoles. Ainsi suffisait-il que je misse entre moi et moi une frontière pour que mon corps consentît à m'accorder des satisfactions qu'il m'eût refusées sur un territoire probablement hanté de trop de maléfices.

– Un tel sentiment de culpabilité dépasse vraiment les bornes, me disait Jean-Louis Raoux. C'est à croire que tu as honte d'exister.

Ce n'était hélas que trop vrai, et la chose ne datait pas d'hier. Le sexe, la littérature française, la société, Paris, la province – je me souvenais du propos de Delteil : « Quatre-vingt-dix pour cent de ceux qui veulent faire carrière à Paris sont des crapules. Quatre-vingt-dix pour cent de ceux qui demeurent en province sont des imbéciles. La marge de manœuvre que cela nous laisse est plutôt étroite » –, enfin l'Église et son intolérance à faire pâlir d'envie les apparatchiks du Kremlin, tout cela me rendait louche à mes propres yeux, indigent, un rien pervers, m'imposait un personnage qu'il m'était de plus en plus pénible de fréquenter. Et le chèque de cinquante francs du prix Goncourt, encadré et accroché au mur pour forcer le respect de ma descendance, symbolisait désormais le salaire d'une espèce de trahison.

En décembre de la même année (1976), la compagnie maritime Paquet m'offrit très généreusement une croisière de quinze jours sur le *Massalia*, en échange d'une conférence à bord, croisière qui devait nous conduire jusqu'aux plages chaudes du Sénégal, via Casablanca et les Canaries. Moi qui n'aime guère les voyages, leur préférant les sentiers de l'imaginaire, je sautai sur l'occasion : périple rédempteur, on discute au vent du large, on recolle les morceaux dans l'ivresse des mers tropicales, on tombe dans les bras l'un de l'autre sous des cieux en Technicolor, l'affaire est dans le sac, scénario ficelé genre *La croisière s'amuse*.

Dieu nous protège des croisières! On y passe son temps à lamper des cocktails rougeâtres, on tourne en rond sur le pont comme une âme en peine, à subir l'assaut de créatures esseulées et d'un âge difficile à déceler avant le lit. Nous partagions la table du commandant et de ses officiers. J'y étais présenté comme le Goncourt le plus chanceux du siècle. Je signais des menus, des mouchoirs, des foulards, et même des peaux d'avant-bras. Il y avait à bord un commando de jeunes communistes qui se révélèrent à l'usage, en dépit de leurs maximes, plus futés que la plupart des passagers, et parmi lesquels je me fis un ami, Alain Saint-Lary, qui n'était rouge que pour être nanti d'un cœur plus grand que le bateau : ce genre de chose arrive.

Tous les soirs, petits nœuds, robes de soirée, festivités, frotti-frotta sur la piste. Exception faite des mécaniciens et des officiers de service, le bateau retombe en enfance. Des dames à fanons sautillent sur des rythmes flasques, vaguement sud-américains. Des messieurs à tête de trafiquants d'armes chassent la bonne affaire. Au passage de la ligne, des jeunes femmes, parmi lesquelles Michèle avait décidé de figurer, s'affublèrent en danseuses de saloon et exhibèrent leurs cuisses. Celles de ma femme avaient retrouvé leur fermeté d'autrefois.

Pendant les réjouissances, au milieu des confettis et des chapeaux de clown, l'annonce de la mort d'André Malraux tomba comme une obscénité que tout le monde se dépêcha d'oublier. Offusqué, attristé, je regagnai ma cabine, où Michèle me rejoignit pour consommer en tête à tête le dessert de la soirée.

Nous étions dans l'obscurité, sur sa demande. Elle laissa échapper : « Fais comme si tu étais un autre. » Notre divorce fut prononcé ce soir-là sans qu'elle en sache rien peut-être, mais je m'étais préparé à cette fin depuis plusieurs années.

Je me souviens être remonté sur le pont pour fumer une cigarette. Je songeais distraitement à cette navrante parodie à laquelle je m'étais livré dans la cabine, l'esprit occupé par la mort de celui qu'elle n'avait cessé de hanter et qui avait compris que « la mort transforme la vie en destin », ce qui signifiait, dans l'état d'esprit où je me trouvais, la nullité de la vie. A l'instar de Miguel de Unamuno, envers lequel j'ai toujours éprouvé un grand respect et une affection particulière, m'étant toujours senti très proche de son *Sentiment tragique de la vie*, je me disais, en regardant l'océan immobile sous la lune – « Jusqu'à l'horizon, l'océan glacé, laqué, sans sillages [1] » –, que ces grands disparus à la vie desquels notre vie s'est trouvée mêlée nous amputent d'une partie de nous-mêmes et que nous devrions afficher publiquement le deuil qu'ils nous infligent. Mais ce siècle consomme aussi vite ses morts que ses modes – « le seul siècle qui n'a pas pu créer ses dieux ni ses tombeaux [1] ».

Retour à Domessargues, la situation ne fit qu'empirer, la croisière ayant élargi le vide entre Michèle et moi. Dès le mois de janvier, la tension devint insupportable. Je commençais à haïr ma femme, ce qui n'était pas très bon signe : il eût été préférable de m'en détacher sur-le-champ. Aux alentours de Pâques, j'eus sans preuve la certitude qu'il y avait quelqu'un dans sa vie. Elle se rendait souvent à Nîmes pour faire du tennis, dans un de ces clubs qu'un de mes vieux amis appelait pénis-club. On lui avait conseillé de se changer les idées. Notre maison trois étoiles lui pesait aux épaules comme les parois d'un tombeau. Il ne m'avait pas été difficile d'imaginer tout ce que comportait de nouveautés et de dérives ce changement d'idées. Jusqu'à l'été, ce fut ma solitude contre sa liberté. Une âme charitable me

1. Malraux.

mit au fait de la situation. Ce qui m'affectait le plus, c'était le sort de mes deux garçons, qui n'avaient que cinq ans et onze ans. J'étais prêt à honorer mon contrat avec la Providence et à offrir la clé des champs à une épouse qui n'en était plus une, mais j'aurais transformé ma propriété de Domessargues en fort Chabrol s'il eût été question de me disputer la garde de mes deux enfants.

Cependant, par cet instinct de survie qui m'a toujours sauvé du pire, j'avais assuré mes arrières et préparé la transition sans aucune espèce de préméditation, comme si le sort veillait vraiment sur moi, moi qui ne croyais qu'au hasard et à ses pièges, qu'aux accidents, qu'au non-sens de tout. J'allais vivre la plus luxuriante aventure sentimentale de ma vie – la seule, peut-être, qui m'ait rendu envers les êtres une confiance ébranlée par trop de déboires dus à mon incorrigible crédulité, ou à un caractère trop instable.

Quatre ans auparavant, en accompagnant mon fils à l'école de Domessargues, j'avais fait connaissance avec la nouvelle institutrice venue remplacer Michèle à ce poste peu recherché. Une jeune fille longue et brune de vingt-deux ans, au regard intense, aux manières un peu garçonnières. Elle venait de quitter l'École normale. La franchise de son caractère fit que notre première rencontre se termina par une prise de bec. Née d'une mère cévenole et d'un père italien, d'origine florentine, elle cachait sous une apparence un peu raide une sensibilité, une perception des choses très affûtée, à tel point qu'elle n'hésita pas à me lancer à la figure que mon *Épervier* était bien écrit, un peu trop bien peut-être, mais surtout trop lyrique selon son goût. Les « trucs » à la mode l'agaçaient. Le prix Goncourt l'agaçait.

En fait, tout ce qui l'agaçait m'agaçait aussi. Encore eût-il fallu partager nos agacements respectifs au lieu de nous les lancer à la tête alors que nous nous trouvions du même côté de la barricade. Ma femme, la sachant seule (elle logeait chez sa grand-mère qui habitait dans un village situé à une dizaine de kilomètres de Domessargues), l'invitait de temps en temps à déjeuner. Sa présence me troublait, mais sans que je me l'avouasse. Lorsque je prononçais son nom devant mon épouse – Françoise Battistini –, je sentais ma bouche dissimuler par je ne sais quelle grimace, quelle crispation, la gêne que me causait son nom dégusté par mes lèvres comme un bonbon exquis et défendu.

Pourtant je la trouvais trop maigre, trop insolente, et sa liberté d'esprit m'horripilait : j'étais tout simplement jaloux. Irrité de ne pas la sentir captivée par l'homme à *L'Épervier*. Parfois, au cours des conversations ou des repas que nous prenions ensemble, ses yeux très noirs devenaient fixes, plongés dans je ne sais quel abîme dont j'aurais bien voulu connaître le fond, à défaut d'en être la cause. « C'est une mal baisée, ou pas baisée du tout », me disais-je dans un langage propre à déconsidérer ou à camoufler l'intérêt que je lui portais.

Un matin que je broyais du charbon, j'allai la trouver dans sa cour de récréation pour lui notifier mon sentiment de vivre dans un cercueil.

– Tu n'as qu'à partir quelque temps, me dit-elle d'un ton légèrement ironique où je ne parvins pas à déceler la moindre trace d'attendrissement.

– J'y ai songé. Je possède un chalet dans les hautes Cévennes. Peut-être vais-je m'y retirer pour y voir plus clair, pour échapper à la prison que j'ai bâtie autour de moi de mes propres mains. Mais j'aurai besoin d'une présence...

– Quelle présence ?

Elle me toisait comme pour évaluer ce que je pouvais bien représenter à ses yeux.

– Ne fais pas l'imbécile, lui rétorquai-je.

– Tu ne sais pas qu'on est seul dans la vie? L'amour, c'est une invention qui ne fonctionne pas très bien. Il faut tirer soi-même son épingle du jeu. La paix ne vient pas des autres, mais de ce dont on est capable de se priver.

Une telle maturité me laissa sans voix. Le ton sur lequel elle avait prononcé ces mots, un ton plus ironique que désabusé, ne permettait pas d'envisager qu'ils lui fussent dictés par une expérience malheureuse, mais plutôt par le spectacle communément admis des couples désunis par le mariage, dont elle disait en s'amusant qu'il était la cause principale du divorce.

Je partis seul pour mon chalet. C'était le début de l'hiver, et il faisait si beau que je vernissais les boiseries extérieures en maillot de bain, malgré l'altitude. J'étais dans un tel état d'esprit que le premier jupon venu aurait fait l'affaire, mais, à cette époque de l'année et dans ce pays perdu, autant valait chercher une licorne dans les bois. Après une semaine sportive et d'interminables réflexions sur une situation qui m'apparaissait sans issue, je regagnai Domessargues bredouille.

Quelque temps plus tard, comme je promenais mon désœuvrement à travers les garrigues, un superbe boxer jaillit d'un fourré et vint se jeter contre moi en frétillant de la queue. Il semblait perdu. Ne sachant pas à qui il appartenait, je le pris dans mes bras, car il n'avait pas l'air décidé à me suivre, et le ramenai au village pour signaler sa fugue à la mairie. Son poil luisant de santé dégageait une légère odeur d'ambre. Sa chair onctueuse et chaude occupait souplement mes mains et, lorsqu'on m'apprit qu'il s'appelait Jef et appartenait à Françoise Battistini, le parfum me fit monter à la tête une légère ivresse. La satisfaction que j'éprouvais à le serrer contre moi tandis que je le ramenais à sa propriétaire était d'une ambiguïté sans équivoque.

Elle me remercia, et, quelque temps après, je pris l'initiative de lui demander de me donner son chien pour meubler ma solitude au cours de mes balades à travers bois.

– Non, je ne te le donne pas. Je te le prête.

Ce geste me causa plus de trouble que je n'en eusse éprouvé à devenir propriétaire d'un animal qui aurait perdu une partie de son charme en perdant définitivement sa maîtresse. Il lui appartenait toujours, mais j'en avais la jouissance. C'est un peu d'elle qui entrait sournoisement dans la maison. J'allais tromper ma solitude et mon épouse par chien interposé.

En février 1977, comme les absences de Michèle se faisaient de plus en plus fréquentes, une amie commune nous invita à déjeuner, Françoise et moi. Je crois que cette dame savait très bien ce qu'elle faisait. Elle appréciait beaucoup le caractère entier et généreux de la jeune institutrice, toujours prête à rendre service autour d'elle, sa simplicité, ses façons directes, et je pense qu'elle me prêtait les mêmes avantages. Elle ne mit aucune malice à nous faire partager la même table; elle devait simplement et à juste raison être persuadée que nous étions tous les deux des êtres égarés qui pouvaient peut-être partager autre chose qu'un simple repas.

A la fin duquel, d'ailleurs, je demandai à Françoise de venir se balader avec moi dans les bois (j'avais suffisamment bu pour me permettre cette audace). Elle accepta sans faire de manières. Nous marchions l'un près de l'autre, et c'est à peine si j'osais la regarder, ayant la certitude de commettre une sorte de crime, alors que je savais ma femme déjà prête à tomber dans les bras d'un autre – si ce n'était déjà fait. J'avais simplement envie de tenir la main de cette grande fille un peu goguenarde qui me parlait, tandis que nous marchions, de *Nadja*, d'« Oulipo », et de l'univers abracadabrant du *Seigneur des anneaux* ou de *Sa Majesté des mouches* de Golding.

Au bout de quelques kilomètres à travers bois, nous fîmes une pause, assis sur un tas de pierres pour continuer la conversation en fumant cigarette sur cigarette. Je me sentais dans la peau de Julien Sorel et de Fabrice del Dongo : fausseté, calcul, candeur et emportement mêlés – sans parvenir à me décider si j'allais sauter sur ma compagne ou demeurer barricadé dans ma réserve. J'optai pour une solution intermédiaire. Au lieu de poursuivre notre randonnée par le chemin qui m'était familier, j'improvisai un itinéraire par un sentier qui n'existait que dans mon imagination, mais qui me permettait d'attraper la main de ma copine à travers des fourrés au milieu desquels des chasseurs chevronnés ne se seraient risqués pour rien au monde tant ils étaient épineux et serrés. Sa main était moite et froide, et j'étais physiquement surpris qu'elle fût si longue et si grande dans la mienne. Mais les dieux déjouèrent mes plans. Françoise glissa sur des lauzes tapissées de lichens visqueux, et se brisa le bras à la hauteur du coude. Nous regagnâmes le village, moi penaud, elle la main crispée sur son bras qui la faisait souffrir.

– Je dirai que j'ai dégringolé mes escaliers. Ce n'est pas la première fois que ça m'arrive, maladroite comme je le suis. Je ne veux pas te causer des embêtements. Surtout pour si peu de chose, ajouta-t-elle d'un ton narquois.

Elle dut se mettre en congé et demeura plusieurs semaines à la clinique où je n'osais même pas prendre de ses nouvelles, lui apporter des fleurs, des gâteaux, des livres, et mon embarras : je continuais à avoir peur de ma femme. Peur de lui faire mal, peur de ses réactions, de sa fragilité nerveuse...

Pour les fêtes de Pâques, il y eut un bal au village, où, sous l'effet des quelques bières que j'avais englouties, je m'affichai sur la piste de danse en serrant de toutes mes forces contre moi ce corps jeune et souple qui sentait l'ambre et à qui je prêtais je ne sais quelle candeur, je ne sais quelle virginité que l'avenir ne démentirait pas. Je passai le reste de la nuit à l'école avec Françoise, dans l'ancien bureau où j'avais écrit *L'Épervier*, transformé par ses soins en salon de style exotique et négligé. Regagnant le domicile conjugal aux premières lueurs de l'aube, je me préparais à de terribles représailles. Ma femme avait d'autres chats à fouetter qu'à me reprocher ce qu'elle s'octroyait. Elle se contenta de hausser les épaules quand je bredouillai des excuses emberlificotées et se rendormit en me tournant le dos. Nous en étions au point où le moindre contact physique nous eût été aussi insupportable à l'un qu'à l'autre.

Pendant ce printemps-là, je retrouvai plusieurs fois

Françoise dans son logis où flottait en permanence une odeur d'ambre qui signait sa personnalité un peu baroque. Je me glissais la nuit à travers les vignes, rampais dans les fossés en effectuant d'interminables détours pour parvenir jusqu'à l'école sans me faire repérer par une population aux aguets de tout ce qui me concernait. Je regagnais mon logis avant l'aube jusqu'au jour où, endormi dans les bras de mon Italienne, je m'éveillai à neuf heures du matin au moment où les marchands ambulants remplissaient d'indigènes la place devant l'école. Ces souvenirs demeurent parmi les plus excitants, les plus *frais* que j'eusse jamais connus. J'avais une moitié du cœur déchirée par la démission de ma femme et l'éclatement du foyer, l'autre irriguée par un regain de jeunesse qui commençait à reverdir mes déserts intérieurs.

En juillet, notre séparation définitive fut consommée. Jean-Jacques vint m'aider à franchir ce mauvais pas qui menait vers la délivrance.

– C'est beaucoup mieux pour Michèle et pour toi, me dit-il. Vous avez fait ensemble une espèce de maladie. Maintenant, vous êtes guéris. Et si tu me montrais ton institutrice ?

Nous allâmes frapper à sa porte à neuf heures du matin pour l'inviter à partager un pique-nique en Cévennes. Elle nous ouvrit la porte, plus longue et fine que jamais dans sa chemise de nuit anglaise. Son visage, aussi radieux, aussi pétillant d'allégresse que le ciel sillonné d'hirondelles, me faisait momentanément oublier celui, tour à tour anxieux, déchiré, dur, ou empreint d'une langueur litigieuse, de celle qui n'était plus pour moi que la mère de mes enfants et l'ancienne compagne des jours difficiles.

J'avais emmené mon fils Emmanuel avec nous. Mes deux garçons, qui n'étaient pas de vaillants élèves et ne songeaient qu'à courir les bois, adoraient leur institutrice au point que lorsqu'une quelconque maladie les clouait au lit, ils sanglotaient de rage à l'idée de manquer l'école. Pour charmer mes deux lascars jusqu'à leur faire aimer un travail qu'ils eussent détesté avec une autre institutrice, il fallait qu'elle utilisât des procédés pédagogiques adaptés à leur caractère fantasque où je reconnaissais mes aversions de jeunesse. Ils aimaient leur maîtresse bien avant que les événements ne me fissent à mon tour succomber à son charme. Elle ne représentait donc pas à leurs yeux l'étrangère venue usurper la place de leur mère.

Je me souviens que ce jour-là, Jean-Jacques offrit à Françoise une peau de chèvre achetée dans une petite bourgade cévenole. C'était un début de trousseau : le soir même, une fois que nous eûmes laissé Françoise à son école, il laissa tomber un : « Elle est très bien, cette fille », que je pris pour ce qu'il était : un assentiment sans réserve. Jean-Jacques connaissait les femmes comme sa poche, pour en avoir usé et abusé. Il ne distribuait pas volontiers ses éloges. Ce petit coup de pouce m'aidait à voir plus clair dans mon cœur meurtri.

Cet été 1977, nous le passâmes à camper un peu partout dans les Cévennes. Mes enfants m'accompagnaient souvent, alternativement ou ensemble. J'avais le sentiment précieux que le foyer n'avait pas volé en éclats, Françoise n'épargnant pas sa peine pour adopter à leur égard le rôle de seconde mère. De sorte qu'en septembre, je l'enlevai à son école, déménageant ses affaires sous l'œil ébahi des villageois, choqués par la rapidité avec laquelle j'avais changé d'institutrice – exception faite de mes amis Reboul, qui ont toujours compris avec un instinct infaillible la façon dont ma vie fonctionnait. Ce n'était pas si simple d'être heureux sans que le passé me prît parfois à la gorge. On ne partage pas impunément sa vie avec une femme pendant quatorze ans. Sa présence demeure dans les murs, les tableaux, les meubles, les objets du quotidien, les travaux inachevés, comme interrompus par sa mort. La Providence avait voulu que la rupture fût adoucie par l'irruption de Françoise dans ma vie. Mais je savais un morceau de mon cœur comme pris dans la glace, et je faisais tout ce qui était en mon pouvoir pour n'utiliser que l'autre partie de cet organe peu fiable. Je désirais plus que tout au monde que Michèle fût heureuse avec l'homme qu'elle avait choisi, et je redoutais que, pour celui-ci, cette aventure ne fût qu'un jeu sans lendemain.

Paradoxalement, Michèle accusa le coup de notre séparation plus douloureusement que moi, ayant pris l'initiative, finalement assez courageuse, d'une désunion devant laquelle j'aurais reculé pour épargner mes deux garçons et l'attachement que je lui portais par fidélité envers ce qu'elle avait représenté pour moi. Je profitais plus librement qu'elle du bénéfice de cette séparation dont j'avais payé le prix fort bien avant qu'elle ne se fût produite.

Mariés, nous nous étions déchirés, par lassitude, par manque de discernement et de mesure. Le prix Goncourt nous avait écrasés sous son poids.

Jadis, lorsque nous vivions dans notre logement de

fonction, nous faisions bloc devant les difficultés à surmonter. Celles-ci disparues, le foyer se disloqua à mesure qu'il s'ouvrit à de nouvelles relations qui n'avaient pour raison d'être que l'éclat dont je bénéficiais. Curieusement, Bazin [1] m'avait mis en garde : « Attention : Goncourt, et puis divorce. Il faut s'accrocher ferme pour ne pas naufrager le bateau sur un récif de cette taille. »

Mari et femme, nous n'avions pas réussi à nous raccommoder; nous nous réconciliâmes dans le divorce, qui, selon le magistrat devant lequel nous comparûmes, fut un modèle du genre. J'aidai Michèle à acquérir un appartement à Nîmes : c'était bien le moins que je lui devais. Malgré les qualités et la conduite exemplaire de son futur mari, il lui fallut beaucoup plus de temps qu'à moi pour cicatriser les blessures que notre échec lui avait infligées. Les années ont passé – dix ans déjà... –, nous avons recollé les morceaux dans un ordre différent. Je lui laissai la garde des enfants, que j'avais près de moi presque aussi souvent qu'elle, et entre nous il n'a jamais été question de brandir des articles de loi. Mes garçons partageaient leur temps entre deux foyers qui, loin de se contrarier, se complétaient. « Nous avons deux mères et deux pères », se plaisent-ils à répéter. Aujourd'hui, l'époux de ma première femme est devenu un ami qui a fait plus pour mes enfants que je n'en eusse été capable dans la même situation que lui. Nos liens sont allés en se resserrant, au point

1. Du moins si ma mémoire est bonne...

que nous ne prenons aucune décision sans nous concerter tous les quatre. Souvent, les fêtes et les anniversaires nous réunissent autour de la même table. Henri possède cette délicatesse du cœur, cette sensibilité qu'il dissimule sous un humour léger pour mieux mettre celles-ci au service d'enfants qui ne sont pas les siens et qui lui rendent sans restriction l'affection qu'il leur porte. Le cœur et la dignité ont supplanté les bassesses de la discorde dont les enfants font généralement les frais. Tout est réparable. Le bien-faire ne se perd pas. On ne détruit le passé que dans la mesure où celui-ci n'a jamais existé. Giono résumait sa morale en quelques mots : « Prenez ce que vous voulez, mettez-y le prix et Dieu sera content. » Dans cette affaire, chacune des parties avait payé le prix à sa manière, et la faillite nous fut épargnée. Si Michèle et moi avons retrouvé l'un envers l'autre estime et affection, c'est parce que rien de ce que nous avons vécu ensemble n'aura été inutile. Avant de me rencontrer, elle n'avait pas été habituée à se mesurer avec certaines évidences cruelles dont je lui imposais par la force des choses un apprentissage qui déstabilisait sa manière de vivre et de penser. Ce qui lui fut parfois un fardeau est devenu avec le temps une expérience dont elle a su tirer profit.

Françoise et moi avions décidé de déchiffrer notre carte du Tendre à l'envers, non par provocation, mais pour suivre notre pente naturelle. Après un voyage que nous voulions de noces en Italie, qui nous mena des grands lacs romantiques jusqu'à Venise, où la lumière de septembre me semblait remonter le temps, grâce au dépaysement, une lumière paisible et dorée de même origine que celle que j'avais autrefois connue à Nîmes, à l'époque de son été indien – des géraniums luisaient aux fenêtres, phosphorescents, comme épargnés par l'érosion du temps qui avait massacré tant de choses –, il fut évident que nous ne pouvions plus nous passer l'un de l'autre.

Nous conçûmes un enfant bien avant que la date de notre mariage fût fixée. Françoise avait déjà doublé de taille lorsque nous comparûmes devant le maire d'un village proche de Domessargues, où elle était censée être domiciliée et où la publication des bans ne risquait pas de nous exposer à la curiosité des journalistes locaux qui n'eussent pas manqué de rapporter que nous avions bravé la loi en utilisant la langue occitane, une initiative de notre ami Jean Guers, le maire, qui voulait se payer une infraction capable de faire jurisprudence. Jean-Pierre Chabrol était mon témoin. Nous avions tenu les familles à l'écart, aux fins de nous soustraire aux vulgarités traditionnelles, à une cérémonie qui n'existe que dans l'imagination malsaine des familles, et ne concerne que deux personnes, tournant à l'obscénité lorsqu'elle rameute des clans familiaux disparates, soulève des rancœurs, aiguise des jalousies, sur fond d'ivresse égrillarde et de plaisanteries à consterner un corps de garde.

Avant de nous installer dans mon chalet pour y demeurer une partie de l'hiver, jusqu'à ce que l'éclatement des canalisations d'eau nous en chassât, car cette année-là, la température descendit à vingt-cinq degrés sous zéro, j'avais rendu visite aux parents de Françoise, dont le papa prétendait vouloir me descendre d'un coup de fusil, étant d'un tempérament à la hauteur de la réputation qu'on prête aux Italiens, et je les avais rassurés sur l'avenir de leur fille.

Nous avions conservé en bande magnétique notre mariage clandestin, et invité toute la tribu pour festoyer autour d'un buffet campagnard au cours duquel le magnétophone leur apprit la nouvelle, les mettant devant le fait accompli, lequel fit grincer quelques dents ou dentiers, mais nous avions marqué les limites que la décence et notre inspiration personnelle nous avaient imposées, car on ne fait jamais si bien l'amour que dans le dos des familles, et la vitrine du mariage gâche pas mal de plaisir.

Dès le début de l'année 1978, je me remis au travail, et les mots consentirent à émerger du silence. Après six années de mutisme, je me sentais aussi neuf devant eux que je l'étais dans les bras de ma jeune femme.

Le roman auquel je m'étais attelé ne devait pas comporter moins de six ou sept cents pages. Jean-Jacques, pressé par le temps, me proposa de l'éditer en deux parties. Un des meilleurs libraires de la région, notre ami Auguste Roustan, déclara que l'idée n'était pas mauvaise dans la mesure où elle me permettrait de reparaître plus vite sur la scène littéraire et de rattraper le temps perdu. Le second volume – *Les Aires de Comeizas* – serait publié six mois plus tard.

Ce fut une erreur qui me coûta cher. Le premier

volume, intitulé *Lazare*, présentait le grave défaut de révéler quelque analogie avec l'insurpassable *Hussard sur le toit*. De plus, ses deux cents pages ne constituaient qu'une introduction qui laissa beaucoup de lecteurs sur leur faim et tendit à la critique qui m'attendait au tournant le bâton pour me faire battre. Eût-il été publié inclus dans le gros de l'ouvrage, la ressemblance du prélude serait passée inaperçue, car le but que je poursuivais n'avait pour seule ressemblance avec celui de Giono que la période de l'histoire à laquelle se déroulait l'action sur fond de choléra. Les ulcérés ne ratèrent pas l'occasion qui leur était offerte : Choléra = Giono, comme Peste = Camus. De quoi se mêle ce parvenu ? J'ai conservé un des éreintements parus dans un grand hebdomadaire sous la plume d'un spécialiste du vitriol. Ce n'est pas du roman dont parle ce redoutable censeur, par ailleurs excellent écrivain, mais de ma personne, et les termes employés frôlent la diffamation. Mais quoi! lorsqu'on tire péniblement à quinze ou vingt mille exemplaires, il doit être difficile de conserver son sang-froid devant un auteur qui dépasse la barre chimérique du million. En dépit de ce bombardement en règle, le tirage de *Lazare* atteignit tout de même cent mille exemplaires.

Le prix Goncourt continuait d'étendre sur moi son ombre vénéneuse. A mes propres yeux, ce premier tome de *La Caverne des pestiférés*, repris, abandonné, repris cent fois au cours des tempêtes, n'était pas du premier choix. Le second volume, écrit dans la sérénité, n'obtint pas le succès qu'il eût mérité selon mon éditeur, souffrant par ricochet des coups bas subis par le premier. Je n'avais rien retenu des leçons dont Giono m'avait fait profiter et entrais toujours dans une arène peuplée de fauves en tenant une rose à la main.

– Je te pardonnerai tout, m'avait écrit l'auteur de *Que ma joie demeure*. Tout, sauf la maladresse.

Je les accumulais depuis le succès de cet *Épervier* qui m'avait désarmé et laissé croire qu'on peut impunément sortir de l'ombre et arracher à leurs pantoufles cinq ou six millions de lecteurs, quand d'autres écrivains s'essoufflent à courir après le succès qui se refuse à leur talent – ou à leur roublardise.

Le découragement me prit : je n'aurais jamais assez de talent pour faire oublier la gloire imméritée que m'avait obtenue la chance plus que le mérite. J'étais décidé à ne plus mettre les pieds à Paris, à me terrer dans mon trou, à me taire tant que je n'estimerais pas disposer de moyens qui fussent à la hauteur de mes ambitions.

Ma grand-mère maternelle mourut en novembre 1979 : elle était née à Londres en 1882 où sa famille avait dû s'exiler, son père ayant fait le coup de fusil sur les barricades de la Commune. Condamné à mort par contumace, il s'était réfugié quelque temps à Guernesey, chez son ami Victor Hugo. C'est à ce personnage hors du commun que j'ai songé en écrivant *Les Années sauvages*.

Depuis ma prime enfance, la mort de ma grand-mère m'obsédait au point que lorsqu'elle survint, ce ne fut qu'une scabreuse formalité. J'ai toujours mis entre moi et les êtres que j'aimais une distance intérieure qui me préparait à leur disparition. « Mais quoi, me dit-on, quelle chance tu as eue de conserver auprès de toi une femme que l'âge n'avait diminuée ni moralement ni physiquement ! » Serait-elle morte à cent quatre-vingts ans que cela n'aurait rien changé à l'affaire. Tandis que j'écris ces lignes, mon chat Sylvestre vient de mourir. Il avait sept ans. Nous l'avons enterré ici même, au pied d'un sapin, une épitaphe plantée sur sa tombe. Les enfants ont pleuré, nous avons tous pleuré. Quoi, tant d'histoires pour un chat! Quand des milliers d'enfants meurent de faim partout dans le monde... Et après? Le sentiment de la mort ne se partage pas. Toute la sphère du vivant, en subissant le même sort, est solidaire du scandale. Il n'y a rien à dire sur la mort. C'est de tous les objets de la réflexion le plus stérile, le plus inutile. Et pourtant c'est le seul qui occupe à mes yeux la place cruciale où le sens du moindre geste, du moindre mot s'anéantit. En sorte que je me considère comme un suicidé permanent : quelque chose en moi, au-delà des mots, des actes, des questions d'amour ou de haine, refuse de jouer le jeu. Si je consens à vivre, c'est par faiblesse envers les êtres qui m'entourent et dont je me sens responsable. C'est aussi parce que je n'aurai pas assez de temps pour dire ma révolte devant le génocide permanent dont s'accommode le genre humain, que subissent les bêtes et le monde végétal auquel j'appartiens par la moindre cellule.

Devant cette conscience de la mort, c'est la vie qui paraît scandaleuse, car elle n'existe pas – ou plus exactement, ne résiste pas à l'examen quand celui-ci est pratiqué à partir de la mort. L'Histoire n'est qu'une vantardise, de la poudre aux yeux, l'opium des gens qui pensent comme de ceux qui ne pensent pas. C'est en cela que le marxisme me fait horreur, car il justifie l'injustifiable. Je ne veux pas prêter main-forte au destin. Je refuse d'entériner toutes les illusions qui fardent les catastrophes permanentes dont la terre est la cible. A mes yeux, il n'y a aucune différence entre les victimes d'un tremblement de terre, celles du cancer, de la faim, de la guerre ou de la vieillesse. Mon rejet du marxisme, en tant que philosophie, n'exclut en rien la responsabilité que j'éprouve devant les méfaits de l'arbitraire, de nature économique ou politique. Quand on me parle de la peine de mort, c'est de ma propre mort qu'on me parle, comme de la mort du bourreau, de l'assassin, de leurs victimes – et de celui qui prétend les venger. N'était le Christ et l'Évangile, ma haine de Dieu frôlerait les sommets de l'absurde et de la folie : si Dieu existe, c'est un monstre, une espèce de démence de l'univers. S'il n'existe pas, mon sentiment ne varie pas, car je le hais comme non-existant. Comme l'écrit Cioran : « Même si Dieu n'est pas, il est. » L'ignominie de la mort, l'abjection de finir dans un trou entre quatre planches tandis qu'on abandonne avec la plus parfaite grossièreté ceux qui ont besoin de nous pour vivre, nous assigne le lot de vermine impuissante. Nous sécrétons de l'art et de la religion comme la seiche jette son encre pour échapper à son prédateur. Tout fait ventre, pour se donner le change. Mais je refuse de me constituer prisonnier. Je veux mourir vivant, c'est-à-dire assassiné, en pleine possession de ma haine et de mon irrévocable désir de vivre et de comprendre pourquoi je vis. « Faisons au moins que ce soit un scandale », s'écriait Étienne de Sénancour. Chercher à la vie un sens que la mort ne réduise pas à néant, c'est là ma préoccupation primordiale.

Depuis ma chute dans le temps, l'univers m'apparaît comme une apocalypse permanente. La force de l'habitude a faussé le sens des mots : la paix n'est pas le contraire de la guerre, il n'y a pas de trêve dans la boucherie dont le monde est victime. Mourir dans son lit cajolé ne vaut guère mieux que disparaître dans l'explosion d'un obus. La sagesse des fumeurs de pipe n'est qu'un état de soumission qui revient à déserter le front où la bataille fait rage. Cela fait quarante ans que je suis à la recherche de quelque chose dans le monde qui ne soit ni le monde ni l'homme. Cela s'appelle peut-être la foi. Je ne crois à rien, même pas à mon incroyance. C'est aux frontières de la raison que je ferraille contre l'inadmissible et l'inconcevable. Je me considère, et avec moi tout ce qui grouille sous le soleil, comme un déporté destiné au four crématoire, à la torture, à la fosse commune. J'en sais suffisamment pour savoir que je n'en saurai pas davantage. Ma foi prend racine dans cet espace nul. Auprès de la guerre que je mène contre la valeur des mots et l'apparence hideuse que prend par anticipation la beauté d'un visage promis aux vers, le bafouillage des athées est une forme de crédulité pire que celle des assemblées religieuses. C'est au-delà de ces ridicules joutes que ça se passe : la situation est encore plus grave que ce qu'on peut imaginer dans les pires moments de lucidité. La bêtise au niveau des perceptions supplante la bêtise au niveau des concepts. Les philosophes nabots qui nous susurrent leur romance sur le désespoir serein sont des traîtres ou des imbéciles. Même si ma révolte est vaine, et je ne doute pas qu'elle le soit, elle sent moins mauvais que ces accommodements benoîts qui traînent dans toutes les philosophies et toutes les pseudo-religions depuis que le monde est monde. Je mourrai ivre de rage, tendant le poing vers le ciel comme Job sur son tas de fumier.

Du reste, nous sommes tous vautrés dans ce fumier, et le problème métaphysique de la merde dont nous sommes constitués est bien le seul qui mérite d'être posé, ainsi que le déclarait Kundera dans son *Insoutenable légèreté de l'être.* Je hurle à la mort depuis la perte de mon innocence. Je hurlerai comme Isaïe jusqu'à la fin de mes jours : « Ah, si Tu déchirais les cieux et si Tu descendais! » Rien de ce que Dieu a fait – ou le hasard, ou n'importe quoi : à ce degré les mots ne veulent plus rien dire – n'est recevable : le totalitarisme de l'univers, j'en ressens le poids et l'horreur si violemment depuis que je me suis heurté au mur des temps, depuis que je me suis noyé dans son flux irréversible, que j'attends l'instant où une main de tendresse va se poser sur mon visage pour me réveiller, m'arracher à ce cauchemar. J'ai examiné sous tous ses angles, comme des objets douteux, le principe de plaisir et le principe de réalité. Et c'est ainsi que les hommes s'entêtent à prendre pour des découvertes des élucubrations qui ne sont que des inventions : si j'accepte le sort qui m'est dévolu une fois mon enfance morte et, avec elle, mes illusions et mes enchantements, ce ne peut être qu'avec les sentiments d'un innocent condamné à la guillotine. Je ne me vois pas en train de contresigner les arrêts du destin. Si l'art, dans son essence majeure, n'incarne pas le refus de cette soumission, ce n'est plus de l'art, mais une louche compromission qui devrait condamner son auteur pour intelligence avec l'ennemi. Jusqu'à la dernière goutte d'encre, je dénoncerai l'abjection de la condition humaine, de cet univers peut-être géré par je ne sais quel Dieu, dont « la création, disait Nietzsche, n'était qu'une somme de douleur et d'illogisme qui abaisserait la valeur totale du devenir ». Ce qui veut dire, dans le langage de la rue, qu'aucune récompense *post mortem* ne saurait guérir l'homme du malheur d'être né – sauf à croire, en proie aux délires de la déraison, que ce Dieu fût capable de recommencer l'Histoire depuis le point zéro en changeant les lois atroces qui gouvernent le monde, et en nous permettant de croire que tout n'a été qu'un illusoire cauchemar de quelques milliards d'années.

C'est la faute à mon chat Sylvestre si ma plume s'est emportée au-delà des limites de la bienséance. Que le lecteur me pardonne cet instant d'égarement.

Une fois ma grand-mère enterrée, ma mère installée près de nous à Domessargues, dans une aile de la maison que j'avais fait agrandir, j'allais connaître des jours misérables, de nouvelles épreuves dont la pudeur devrait m'interdire la divulgation. Si j'ai décidé de tout avouer, c'est poussé par le besoin de me purger, de tirer un trait sur une trentaine d'années ravagées par un mal dont je me suis guéri, voici deux ans à peine, et que le prix Goncourt n'avait fait que porter à son comble.

Mon troisième fils était né, Michèle était sauvée, guérie, pacifiée, ma femme Françoise m'apportait tous les jours la preuve que l'or dont elle avait l'éclat résistait au choc, à la différence de ce placage dont la jeunesse nous pare gratuitement et que les années ont tôt fait d'attaquer comme un acide. Sa présence mettait dans la maison comme une lumière. Ses silences me parlaient autant que ses épanchements. Nos partitions étaient composées dans le même ton. Nos aversions et nos penchants, nos hantises, notre économie du bonheur se ressemblaient au point que nous nous sentions liés, au-delà de l'amour, par un sentiment de fraternité plus réel, plus solide que n'en créent les liens du sang.

Elle aurait désiré que je fasse don de ma propriété à ma première femme et que nous vivions dans une maison plus conforme à son goût pour la simplicité, une baraque que nous aurions retapée de nos mains. C'était toute une affaire (et après dix ans de mariage, c'en est toujours une) pour qu'elle consentît à entrer dans une boutique et à s'offrir un vêtement. Elle se moquait des apparences au point de se vêtir souvent comme un garçon. L'argent n'avait pas, n'a toujours pas la moindre valeur à ses yeux, et je sais, j'ai la preuve qu'elle m'eût préféré obscur et désargenté, comme elle eût souhaité me rencontrer quand j'avais vingt ans, vœu difficile à réaliser puisqu'elle n'eût pas encore été conçue. Lorsque je la regarde, c'est moi que je vois, un moi plus cohérent, plus conforme à ce que j'eusse aimé être. Peut-être doit-elle cet avantage au seul fait d'être femme. Il est peu d'hommes chez qui l'on ne retrouve les traces d'un enfant capricieux, égoïste, impatient, mal dégrossi – tout ce qui me fait horreur chez autrui et que je suis incapable de combattre dans ma propre personne. La littérature a bon dos pour justifier de telles carences. Écrire ne donne aucun droit, car il y a plus important qu'écrire, si l'on embarque une femme et des enfants dans cette galère. On ne peut infliger à son entourage ces travers de rapace que la légende pardonne volontiers à l'artiste, mais que les principaux intéressés paient le prix fort. Je n'ai plus aucune raison de douter qu'un sourire, un geste de tendresse est plus important qu'un livre, comme un arbre est plus important que le plus illustre des conquérants.

Françoise. Je me sentais coupable de l'avoir épousée, de lui avoir imposé deux enfants qui n'étaient pas les siens et la présence d'un impotent incapable de répondre à ce besoin de joie, aussi fort en elle et de même nature que chez les enfants. Elle s'enchantait d'un rien, d'un oiseau, d'un insecte, d'une plante. Son regard sur le monde participait d'une faim comparable à la mienne, mais il y avait en elle une capacité de détachement et d'oubli de soi-même qui ne laisse pas encore de me subjuguer. Un jour que j'avais passé mes nerfs sur elle, je la vis se pétrifier devant moi, silencieuse, des larmes dans les yeux, écartant les bras en signe d'impuissance, d'un mouvement à peine esquissé, comme si brusquement elle se fût sentie de trop, encombrante, écrasée par une tâche dépassant ses forces. Cette image me poignarde encore souvent. Elle m'offrait sa jeunesse, sa candeur, sa droiture, sa pureté, et ne recevait en retour que le spectacle d'une déchéance. Sans elle, je serais mort. Je ne sais de quelle façon, mais il ne fait aucun doute que je le serais. Elle s'occupait des trois enfants, de ma mère, du jardin, du téléphone, du courrier, bataillant sur plusieurs fronts à la fois. Ma mère me disait souvent : « Personne ne t'a jamais aimé comme ça. » J'aurais pu lui répondre que je n'avais jamais aimé, admiré, respecté une femme aussi profondément, mais mes emportements comme mes hébétudes ne le laissaient guère entrevoir. Elle a traversé le désert avec moi en me portant à bout de bras. Aujourd'hui, je sais que je lui dois tout ; c'est grâce à sa patience, à sa persévérance, à sa foi en moi que le pire a été évité. Elle est ma terre, ma prairie, ma vallée fertile, le brin de paille qui luit comme l'espoir dans l'étable. Jamais je n'ai éprouvé une seconde d'ennui auprès d'elle. Nous écoutons ensemble le silence. Je finis par me demander si ce n'est pas elle qui m'a mis au monde, tant je lui ressemble, comme un enfant ressemble à sa mère. Ou les épreuves séparent, ou elles soudent à jamais : c'est affaire de compatibilité moléculaire. J'ai parfois l'impression de trahir quelque chose entre nous quand j'écris, parce que je sais que sa présence suffirait à illuminer ma vie si je n'étais pas né de travers. C'est en elle que j'ai pu trouver ce que j'avais de meilleur, dans l'intérêt qu'elle me portait.

Pendant les mauvais jours, elle me demandait tous les matins à mon réveil : « Comment te sens-tu ?

– Plus ou moins en vie », lui répondais-je.

Je me reproche aujourd'hui un tel manque de tact, sachant combien elle devait se sentir coupable de ne pas pouvoir me guérir par sa seule présence – elle, toujours si présente.

Je croyais avoir payé ma dette aux dieux prodigues de bienfaits. Mais leurs exigences sont insatiables, et l'on demeure leur otage tant qu'on n'a pas vidé ses poches jusqu'au dernier centime : les sommets attirent la foudre, dit un proverbe grec. J'étais heureux autant qu'on peut l'être sur ce navire en perdition qu'est l'existence soumise à l'ordre impitoyable du monde. J'écrivis *Le Nez dans l'herbe*, sorte de bilan que me fit expulser en deux mois, directement sur la machine, et sans retouches, la mort de ma grand-mère. Le livre, publié sous forme d'entretiens, passa à peu près inaperçu, exception faite du petit nombre de fidèles « qui se ferait tuer pour nous ».

Tous les matins, bien avant le lever du soleil, je partais sur les chemins et les routes, muni d'une lampe de poche, sous un ciel encore criblé d'étoiles, regagnais mon bureau une ou deux heures après, pour me planter devant mes cahiers. De ces marches nocturnes, je ne ramenais rien. Ma tête était vide, désertée par les mots. J'écrivais des phrases sans queue ni tête, histoire de provoquer des réactions entre elles, comme fait le chimiste dans son laboratoire : il ne se passait rien, mes mots étaient éventés, éventés mes phantasmes. En somme, je n'avais plus rien à dire.

J'aurais pu très bien m'en tenir là et écrire des articles pour différents journaux, qui m'eussent permis de vivoter à moindres frais. Outre les droits d'auteur que je recevais, et qui représentaient des sommes assez substantielles pour assurer le superflu. Mais si je n'avais plus rien à dire, ayant laissé le désert s'étendre autour de moi, pourquoi ce sentiment d'incomplétude auprès d'une jeune femme dont la présence par ailleurs me comblait ?

C'est que quelque chose de plus tenace que ma lassitude ou ma vacuité intérieure ne se tenait pas pour battu. L'écriture est une drogue, et il n'existe pas de produit de remplacement ; même l'amour le plus enfiévré ne peut nous soustraire à cette dépendance. Malraux a raison d'affirmer qu'on ne crée pas pour s'exprimer, mais qu'on s'exprime pour créer. Ce qui revient à dire que dans son combat contre le destin, l'homme n'a rien d'autre à opposer que son désir d'éternité, et la nécessité de recréer le monde à son image par les moyens de l'art, l'art, rejet global du monde en même temps que reflet de notre fidélité envers lui. Le monde ne vaut rien, la vie pas davantage. Faulkner avait beau avouer – dans un propos sibyllin – qu'aucun roman ne remplacera une étreinte, aucune étreinte, aucune passion ne peut nous démobiliser dans la bataille que nous menons contre le temps, contre l'insignifiance des choses. Quand on a goûté à l'écriture, c'est pour la vie qu'on a signé un pacte avec elle. C'est vivre sept fois comme les chats qu'écrire des romans. Un destin ne suffit pas à combler l'appétit démesuré de recommencer indéfiniment notre propre histoire, sous toutes les formes les plus contradictoires. Mon existence m'a toujours laissé sur ma faim. Je m'en suis fabriqué quelques-unes de rechange dont je pouvais ordonner les événements à ma guise. Je me suis offert des personnages que je n'avais pas le loisir d'incarner dans ma vie : on ne peut pas changer de costumes et d'état civil, comme au théâtre ou au cinéma. Je m'en suis payé d'autres dont je puisse obtenir les faveurs : on ne peut pas être partout à la fois.

Je n'avais peut-être plus rien à dire, parce que j'avais épuisé mon sujet : ma vision du monde et les tortures qu'elle m'avait infligées. Mais j'avais tout à réinventer. Je ne m'étais pas encore suffisamment oublié pour m'atteler à cette tâche essentielle.

Et toujours cet épervier qui rôdait dans le ciel, et que je ne parvenais pas à semer. Il me suivait partout, comme l'emblème ironique de mon impuissance. La signification symbolique dont je l'avais investi se retournait contre moi : tirer avec un mauvais fusil sur une cible inaccessible.

Dix ans après, on m'arrêtait dans la rue pour évoquer son retentissement : « Quel formidable succès! Vous devez vous sentir des ailes! »

Ou encore : « Croyez-vous pouvoir obtenir une nouvelle fois le Goncourt avec votre prochain ouvrage ? » Combien de fois n'ai-je pas répété ici et là que le Goncourt est comme la croix de guerre : on ne nous en gratifie qu'une seule fois, sauf à s'inventer un pseudonyme pour rouler tout le monde dans la farine, comme l'a fait Romain Gary.

Variantes financières : « Tout est en Suisse, hein ? Vous pouvez vivre sur un yacht si ça vous chante... »

« Pourquoi ne pas vous acheter une île dans les Cyclades ou en Polynésie ? »

« Qu'est-ce que vous avez dû payer comme impôts! Des millions et des millions, sans doute... »

L'interlocuteur attendait que je formulasse un chiffre qui lui dévoilerait, après un calcul rapide, le montant de mes droits d'auteur.

– J'ai tout perdu à la roulette, madame. J'ai toujours adoré comme Françoise Sagan jeter mon argent par les fenêtres.

Je rompis les ponts derrière moi, ne répondant plus au courrier, laissant sonner le téléphone, me cloîtrant dans ma chambre quand survenaient des importuns, me dissimulant parfois au fond d'une penderie, derrière une haie de robes et de costumes, quand le visiteur familier eût pu me surprendre au lit.

Si je n'avais pas obtenu le prix Goncourt, j'aurais fait meilleure figure devant les aléas de la condition d'écrivain. Je me sentais dans la peau d'un président de la République destitué de ses fonctions pour incapacité notoire : comment avoir le front de paraître sur les bancs d'une assemblée quand on a tenu la première place ? J'étais plutôt du genre à partir en claquant la porte, à me cloîtrer dans quelque monastère pour m'initier au néant de tout.

Je relisais et relisais avec un entêtement maladif les livres complices de mes enchantements d'autrefois ; *Le Hussard sur le toit, Le Bruit et la fureur, Les Confessions de Nat Turner, Sur les falaises de marbre, La Conscience de Zeno, Moby Dick, Walden, Un balcon en forêt, Le Jardin des Fizi-Contini, Le Désert des Tartares*, dont je reprenais à mon compte la dérision métaphysique. Ces livres me bloquaient dans la voie sans issue où mes vieux démons dressaient leurs embuscades. Je tournais en rond. Ma vie morale autant que physique m'évoquait une sorte de piétinement circulaire dans une cellule dont les parois se fussent lentement rétrécies, comme dans *Le Puits et le pendule* d'Edgar Poe, et au cœur de mon obscurité intérieure, je m'attendais à être précipité dans le trou sans fond du dérangement cérébral.

Plusieurs cercles vicieux s'emboîtaient les uns dans les autres, neutralisant tous mes efforts pour leur échapper.

Il y avait celui de l'alcool : je n'y touchais pas pendant quelque temps, écœuré par ma faiblesse devant la bouffée d'excitation et d'oubli qu'il fournit avant que le foie et le système nerveux ne fassent payer ce bref interlude à un taux usuraire. Je courais les bois, bicyclettais des kilomètres de montées les plus raides, m'oxygénais jusqu'à trouver une espèce d'ivresse qui me restituait un soupçon d'optimisme. Content, je m'octroyais le verre de la victoire pour essuyer une nouvelle défaite. Ainsi pendant des mois, passant du régime sec à la beuverie justifiée par des parties de grillades en plein air où j'invitais tous les complices qui me tombaient sous la main et dont je savais le verre facile.

Il y avait celui de l'écriture : une sorte de mécanisme terrifiant dont nul autour de moi ne pouvait mesurer la gravité, et qui m'eût assurément acculé au suicide – au lent suicide du renoncement à vivre – si mon ami, le docteur Jean-Louis Raoux, n'eût été le premier à en saisir tous les rouages.

Je montais jusqu'à mon bureau, me plantais devant ma table et attaquais mon travail avec la volonté éperdue du nageur égaré au large des côtes, qui sait qu'un seul instant de déconcentration le perdra.

Je parvenais à écrire une page, dont cent fois je reprenais les phrases jusqu'à ce que j'obtinsse un résultat à peu près satisfaisant. Le lendemain, reprenant le fil que j'avais laissé traîner dans une phrase inachevée – vieux truc de professionnel –, je poursuivais mon labeur en sentant mes forces décroître. Je m'acharnais contre moi-même, quittais livide mon bureau pour retrouver directement mon lit, étant incapable de m'asseoir à table devant une assiette, tant me tournait la tête. Quand parfois je m'obligeais à y paraître, il arrivait que tout devînt blanc autour de moi, comme éclairé par cette lumière glacée que diffuse la neige. Après deux jours d'efforts auxquels je ne saurais trouver de qualificatif, je me couchais, le soir, ivre de fatigue, tombais dans le sommeil comme une pierre, pour me réveiller brusquement vers une heure du matin, malgré une consommation de somnifères de tout acabit, et rester les yeux ouverts, ou plutôt écarquillés, sans parvenir à me rendormir. L'insomnie matinale me laissait sans force pour reprendre la plume à l'aube. J'étais contraint de m'arrêter d'écrire jusqu'à ce que le sommeil reprît lentement la place d'où la tension mentale l'avait chassé. Après quelques jours de silence, je me remettais au travail, et le sommeil de nouveau désertait mes nuits. Toujours cette insomnie d'avant l'aube, d'une telle ingratitude qu'elle ne permet même pas à sa victime de récupérer un peu de repos au cours de la journée, comme si je ne sais quel poison imbibait le cerveau, un poison agissant à l'inverse des somnifères, comparable aux amphétamines dont se bourrent les forcenés du rendement.

La plus désespérante de ces rondes infernales était celle des médecins. J'allais à eux comme on court chez la cartomancienne ou la pythie spécialisée dans le marc de café. Depuis trente ans, l'éventail des drogues s'était considérablement élargi, mais les médecins pataugeaient dans la même ignorance. L'un me prescrivait des fortifiants du système nerveux, l'autre me refilait des sédatifs qui me plongeaient dans le pays des brumes. Je passais de médicaments qui me provoquaient des hallucinations en plein jour à ceux qui ne faisaient qu'accentuer mon hébétude. Fuyant la Faculté, je tâtonnai du côté des médecines douces. Je rendis visite à un ponte de l'homéopathie que la rumeur disait capable de miracles. C'était un homme intègre, mais j'ai bien peur que ses petites pilules ne fussent pas à la hauteur de ses compétences. Ce qui m'inquiétait beaucoup, du reste, c'était son attitude à l'égard des drogues allopathiques dont les nuisances m'avaient amené chez lui.

– Surtout n'interrompez pas votre ancien traitement. Nous verrons dans six mois si la situation a évolué.

Je partais muni d'une ordonnance de trois pages qui me prescrivaient des prises de pilules à toute heure du jour. Il me fallait tenir un calendrier serré et avoir à portée de main une sacoche bourrée de tubes dont la couleur bleu Sainte Vierge semblait annoncer l'innocuité. Pendant des mois, je suivais scrupuleusement la prescription miracle, mais le miracle ne se produisait pas. Un verre d'eau eût fait le même effet.

J'essayais les plantes, les douches froides, tièdes, le yoga, la maîtrise du cerveau par le vide, façon tibétaine. Un matin, décidé à en finir avec tous les poisons, j'arrêtais le tabac, me mettais à l'eau, mangeais salubre, essayais de me dégager par étapes de l'emprise des neuroleptiques, des antidépresseurs, des euphorisants. Le résultat de ces sevrages me permettait de comprendre la raison pour laquelle le mage homéopathe avait tant insisté sur la poursuite des traitements antérieurs : de l'état de fantôme je passai à celui de loque. Je n'avais plus la force de me traîner jusqu'à mon bureau. Je pensais me flanquer par terre au moindre déplacement. Le soleil m'était insupportable, la chaleur, le froid, les nuages, la nuit, le jour, cette baraque de deux cent cinquante mètres carrés où je n'occupais plus que la superficie de ma chambre, peu à peu celle de mon lit. J'envisageais de me laisser mourir de faim, n'importe quelle impotence eût été la bienvenue, justifiant ainsi par des signes extérieurs sans équivoque l'infirmité mentale qui me fourrait sous les couvertures. J'hibernais à longueur d'année. Mon sang pauvre semblait ne plus pouvoir irriguer mes extrémités. Par trente-cinq degrés à l'ombre, j'avais les mains et les jambes glacées.

J'apercevais le chèque du prix Goncourt encadré sur le mur et de nouveau la honte d'avoir trahi mes engagements envers des écrivains qui m'avaient fait confiance me glissait à l'oreille des projets d'exil définitif. Je songeais à mon prédécesseur André Schwartz-Bart, qui s'était taillé une belle réputation avec son pathétique *Le Dernier des justes*, qui lui avait obtenu un Goncourt retentissant en 1956, et avait déserté la France, Paris, le monde littéraire pour s'enraciner dans les Antilles et épouser avec Simone, si tendre et si belle, la cause des mulâtres. J'enviais, j'admirais qu'il ait choisi de brûler ses vaisseaux pour n'avoir plus de comptes à rendre à un monde qui lui avait apporté une gloire incapable de compenser les abominations dont il avait souffert comme juif.

A l'instar de Samy Davis, je me serais voulu

noir, juif, musulman, borgne, pour honorer plus dignement que je ne le faisais mon statut d'être humain. N'était mon horreur de la violence, j'aurais volontiers mis la main à la pâte dans des mouvements irrédentistes pour enfin me libérer de la littérature et d'un couronnement qui avait fait de moi son esclave.

On était début 1981. Les hasards de la politique allaient me tendre une perche que mon désespoir s'empressa de saisir.

Je n'ai jamais beaucoup aimé la politique, bien qu'ayant conservé de mon arrière-grand-père, le condamné à mort, quelques idées quarante-huitardes. J'étais partagé entre mes réserves à l'égard d'une gauche empêtrée dans ses vieilles lunes et ma répulsion pour la droite la plus bête du monde, celle dont Mauriac avait dit dans un éditorial célèbre qu'elle incarnait l'ordure. Ma fidélité à l'endroit du Christ et du Sermon sur la Montagne – ricaneurs, je vous emmerde – ne me permettait guère de croire qu'un parti fût autre chose qu'une association de malfaiteurs en quête de pouvoir. De malfaiteurs et d'imbéciles, de créatures, ainsi que me l'avouera plus tard mon ami Alain Journet, député-maire du Vigan, tellement incapables de réussir dans n'importe quel domaine que la politique a certainement été inventée pour eux.

Pour résumer, disons que j'étais – et demeure, hélas ! – un sentimental que la vue d'un Arabe sur un chantier attriste, comme révoltent les résultats des enquêtes conduites par Amnesty International, mouvement auquel j'appartiens et que je soutiens par tous les moyens dont je dispose, si modestes soient-ils. Entrer dans la galère politique la main sur le cœur et la bouche en cul-de-poule n'est pas recommandable, sauf à le faire pour le panache, ce qui était mon cas en 1981.

J'avais rencontré Mitterrand en mars 1981, étonné par sa culture et médusé par l'intelligence redoutable de mon interlocuteur avec qui j'avais parlé de lettres et de pêche à la truite plutôt que de politique, où j'étais nul. Quinze jours avant les législatives, un samedi matin, je reçus un coup de téléphone de Jean Guers, le maire de Sauzet devant lequel Françoise et moi avions comparu plutôt pour le pire que le pour le meilleur, par ma seule faute.

– Alain Journet se présente aux législatives dans la quatrième circonscription du Gard, où tu possèdes tes deux domiciles. C'est un homme comme tu les aimes. Si tu acceptes de te présenter avec lui comme suppléant, il a quelques chances d'être élu.

– Tu sais que je déteste la politique.

– Je la déteste autant que toi, mais l'homme vaut la peine d'être connu. Acceptes-tu de le rencontrer ? Ça ne t'engage à rien. Mais il faut que ce soit ce matin, car les investitures doivent être bouclées à midi.

– Qu'il vienne, on verra bien. Mais je ne suis pas chaud, et Françoise encore moins que moi.

A onze heures, l'homme du Vigan arrivait dans sa CX de conseiller général. Il m'exposa la situation sans fioritures : au premier tour, avec un handicap de dix mille voix à disputer aux rangs de l'électorat communiste, les chances de réussite étaient à peu près nulles. La conversation dériva tout de suite vers une passion qui nous était commune : les Cévennes. Au bout de dix minutes, nous étions passés du vous au tu avec une telle facilité que les choses allèrent rondement. Tout ce qu'il me disait correspondait à tout ce que je pensais. L'amitié connaît parfois ce genre de coup de foudre. Il suffit probablement que les mots veuillent dire la même chose et que la transparence des caractères emporte l'adhésion d'une confiance réciproque. Je me fichais pas mal d'être élu suppléant parlementaire, ayant horreur des servitudes et plus encore de l'esprit militant : quel que soit le bord vers lequel nous penchons, nous sommes tous les cocus de la politique, qui octroie ses faveurs aux coquins de tout poil, lesquels savent quel langage et quels procédés utiliser pour mettre cette putain à leur merci.

Mais j'avais envie qu'Alain Journet soit député. Les Cévennes, exsangues et désertées, avaient besoin d'une espèce de médecin qui les connaisse et qui les aime pour en être issu, non d'un funambule propulsé par les manipulateurs de vent installés à la tête des partis. A midi, l'affaire était dans le sac. A trois heures, j'étais investi. Trois semaines plus tard, nous étions élus avec un score éblouissant qui frôlait les 70 % des suffrages exprimés.

Notre campagne électorale, menée tambour battant à travers une circonscription qui s'étendait sur une centaine de kilomètres et ne comportait pas moins de cent trois communes, restera un des souvenirs les plus savoureux de ma vie. Alain et moi, sans avoir reçu de consignes ni songer à nous concerter ou à tirer des plans sur la comète, entreprîmes ce marathon comme une compétition sportive dont l'essentiel du bénéfice consistait à nous faire plaisir plus qu'à remporter une victoire fortement compromise. C'est peut-être une des raisons pour lesquelles nous avons gagné : nous nous sentions libres de tutelles idéologiques et de publier tout ce qui nous pesait sur l'estomac. J'enfourchai un de mes dadas, celui de la peine de mort, qui appartient à mon arsenal métaphysique. J'éprouvais une joie perverse à apprendre aux viticulteurs et aux petits agriculteurs de la montagne que plus de 95 % des crimes étaient commis par des assassins dont le niveau culturel était inférieur à celui du certificat d'études (chiffres communiqués par l'U.N.E.S.C.O.). Mes réquisitoires contre un outil que nos descendants jugeront aussi barbare et aussi imbécile que le pal ou le plomb fondu n'étaient pas faits pour racoler une clientèle plus soucieuse du prix de l'essence que des problèmes d'éthique. Je parlais de culture à des gens pour qui ce mot signifiait en priorité sécheresse, grêle, effondrement des prix, inconséquences des gouvernements successifs. Les créatures de la classe politique, empêtrées dans leur langue de bois, devraient de temps en temps subir des examens qui nous assurent le bon fonctionnement de leur circulation cérébrale : c'est une surenchère dans la sottise ou la veulerie, et je songe depuis longtemps à créer un prix dont bénéficiera le responsable politique qui n'aura pas utilisé une seule fois dans l'année – soyons clément : dans le mois – le mot « détermination ».

Je ne regretterai jamais de m'être lancé dans la bataille électorale. Pour trois raisons : d'abord parce que j'avais l'impression, en apportant mon soutien à

Alain Journet, que mon prix Goncourt servait enfin à quelque chose. Ensuite parce que j'ai touché du doigt la versatilité du corps électoral et la stupéfiante médiocrité des culs-de-jatte assoiffés d'escalade qui s'entre-tuent au sein des partis. La troisième raison est de nature plus poétique.

Il faisait très chaud en cette fin de printemps 1981. Nous traversions des villages terrassés de soleil sous leurs tuiles. Nous entrions dans des mairies aux murs épais, serrions des mains rêches, goûtions à toutes sortes de breuvages. Dehors, assis sous les platanes immobiles, des vieux attendaient que nous les convainquions de notre intégrité, convaincus, eux, que la parole a été donnée à l'homme pour dissimuler sa pensée. Je m'asseyais dans l'herbe déjà rousse, observais ces visages ravinés par les intempéries, cette bande de peau blafarde, cadavérique, que révélait le salut, lorsque ces paysans ôtaient leur casquette. C'était l'antique race néolithique que j'avais sous les yeux, celle dont les noms s'alignaient sur les monuments de la guerre de 1914, celle des bons bougres qui s'étaient fait casser la gueule du côté du Chemin des Dames – ou dans les guerres de l'Empire. Je songeais à Nietzsche : « Celui que je préfère est aujourd'hui le meilleur. C'est le paysan bien portant ; il est grossier, rusé, opiniâtre et endurant : c'est aujourd'hui l'espèce la plus noble. Le paysan est le meilleur aujourd'hui, et l'espèce paysanne devrait être maître [1] ! »

Nous empruntions des chemins vicinaux bordés de mûriers, tombions sur des communes constituées de

1. *Ainsi parlait Zarathoustra.*

trois fermes où l'on nous recevait dans des pièces obscures, le pastis maison servi sur la toile cirée à carreaux où festoyaient d'alertes mouches. L'odeur du purin soulevait dans mon cœur de délectables nostalgies. La poussière de l'été proche restaurait mes perceptions appauvries par l'usage des drogues et l'érosion du temps. Je voyageais dans un univers chimérique plein de cigales et d'essences résineuses, grâce à la nouveauté d'une situation qui, mobilisant mon attention, me lavait momentanément de moi-même. Le royaume était toujours là, dans le sourire ou la démarche d'une fille, le bruit d'une fontaine dans la torpeur des siestes, un rai de soleil traversant les persiennes pour illuminer l'encaustique d'un buffet, un talus bordé par un champ de blé qui s'arrêtait net, géométrique et rassurant, contre l'ourlet de terre gazonné où j'avais envie de m'enfouir le visage pour me réconcilier avec un monde dont j'avais divorcé.

Quinze jours de vacances au pays de la réalité. Dire que mon ami Journet s'est culpabilisé pendant de longues années, croyant m'avoir débauché, lorsqu'il m'avait rendu le goût et le toucher, l'odorat et l'appétit des choses tandis que nous portions la bonne parole à travers champs et forêts...

A mesure que s'éloignait la victoire de juin 1981 et que les bêtises commençaient à s'accumuler, je regagnai le pays des ombres. L'alcool de la politique prenait un arrière-goût de défaite. Je ne pouvais plus faire semblant d'ignorer que tout ce qui détourne un écrivain de sa table de travail n'est qu'un aveu d'impuissance ou d'échec. Tous les prétextes sont bons pour fuir un chantier en panne. On saute sur la moindre occasion pour griller la politesse à ce persécuteur créé par notre ambition et qui ne cesse de réclamer des comptes à notre incurie. On remonte des murs faute de pouvoir aligner des mots les uns à la suite des autres, on jardine, on repeint, on rafistole, on creuserait des trous pour les reboucher aussitôt après, histoire de se fabriquer un alibi.

Mais le silence qui s'étendait en moi venait d'en deçà des mots. C'était le silence des astres morts, celui qui procède d'une inexorable extinction de la vie. Je n'avais plus rien à dire parce que je n'avais plus rien à vivre. L'avertissement de Breton prenait toute sa valeur dans mon abdication devant le simple fait de se laver les dents : « Et je veux qu'on se taise quand on ne sent plus rien » – je cite de chic.

Je connus la descente aux enfers, dont on répugne à parler, comme les déportés de leurs terribles cicatrices. J'étais au-delà des angoisses que j'avais connues autrefois. Mon organisation mentale n'avait même plus la force d'exprimer sa désagrégation par des symptômes qui constituent autant d'appels au secours. Je vivais dans une bulle dont le volume allait en diminuant. Je ne songeais même pas à gravir l'escalier de mon bureau : c'était comme si on m'avait imposé d'escalader l'Éverest en portant mon propre cadavre sur le dos. Le bureau lui-même était un lieu de cauchemar, avec ces livres garnissant les étagères – des livres, des livres, quelle superbe imposture ! –, des photographies encadrées sur les murs, parlant d'un triomphe lointain qui m'affirmait que je est bel et bien un autre et que ce n'était pas moi à qui tout ça était arrivé. Des médailles, des cadeaux empilés sur les meubles, venant des quatre coins du monde, la correspondance d'une jeune Canadienne, écrivain de son état, comme l'avait été son célèbre père, et qui me râbachait depuis une douzaine d'années sur tous les tons qu'elle m'aimait alors que nous ne nous étions jamais rencontrés, le manuscrit ébauché, dépérissant sur la table, entre les piles de lettres restées sans réponse, des nouveautés même pas feuilletées. Chez qui avais-je pénétré par effraction ? Déjà la peinture des murs s'écaillait, les photos pâlissaient dans leur cadre, la moquette se fanait et, moi, j'avais quinze ans de retard sur un décor auquel je restais extérieur, et que je découvrais avec la stupeur d'un homme frappé d'amnésie.

Pendant près de deux ans, je ne mis plus les pieds dans cette nécropole prématurée dont il semblait que le propriétaire fût déjà mort et enterré de longue date.

Je m'enlisais dans mon lit, où ma femme m'apportait à manger, consternée par mon impotence et se sentant coupable de ne pas pouvoir me ressusciter d'un sourire. Si un crayon tombait du lit, un livre, un magazine, mettre pied à terre pour le ramasser était au-delà de mes forces morales. Parfois, pris du vague désir de surmonter ma paralysie et de gratter une miette de courage, je me dressais sur mon séant, me levais comme un automate, ramassais l'objet pour m'effondrer de nouveau sur mon lit, épouvanté par la somme d'efforts et la tension nerveuse dépensées par mon geste.

La honte, une vieille connaissance, m'interdisait désormais de confier quoi que ce fût à quiconque, et d'appeler la médecine à ma rescousse. Je ne réagissais même plus devant l'hypothèse d'une sale maladie : j'en étais arrivé au point où la peur m'eût apparu comme une forme d'espoir.

Lorsque mes enfants étaient présents, je m'efforçais de leur cacher la gravité de mon état. Nous regardions ensemble les feuilletons télévisés, américains de préférence, les réalisateurs d'outre-Atlantique ayant horreur de gaspiller de la pellicule : *Colombo* et *Starsky et Hutch* me tenaient suffisamment en haleine pour que mes rejetons me crussent encore vivant. C'est ainsi que je pris goût à m'abîmer dans la télévision comme on fait dans l'alcool.

S'il m'arrivait de jouer au ballon avec eux, c'était en faisant appel à ma capacité de compassion, elle demeurée intacte, et me chuchotant à l'oreille que j'aurais à peine le temps de leur en consacrer un peu avant que leur jeunesse ne se soit évaporée. Au bout d'un quart d'heure d'une gymnastique invertébrée autour du ballon, je prétextais la nécessité de changer mes vêtements trempés d'une sueur aigre pour regagner mon lit, les jambes en laine, le cœur en déroute et l'esprit écrasé d'ennui.

Ceux qui n'ont jamais connu cet enfer ne peuvent en imaginer les supplices. On ne dort que d'un œil, sous une si légère croûte de sommeil que le moindre rêve la brise. Je me levais pour changer mon tee-shirt trempé de cette sueur nocturne qui sent la fièvre et le poison. L'aube était lourde comme du plomb. Pas de télévision le matin à l'époque, et je ne possédais pas encore de magnétoscope, pour la seule raison que je ne me sentais pas le droit de disposer à ma guise de mon argent, comme si je n'étais pas certain qu'il fût vraiment à moi. Je regardais la matinée décroître comme la poudre du sablier en attendant l'heure du courrier dont j'attendais je ne sais quel secours. Je n'ouvrais pas les factures, les feuilles d'impôts, les enveloppes de couleur ou de forme suspectes, toujours dans la crainte de quelque sommation imprévue.

A une heure, j'écoutais les informations : il ne se passait décidément rien dans le monde, en dépit des guérillas et des massacres qui me confortaient dans l'idée que cette planète se serait bien passée de nous. De nouveau refleurissait quelque part dans mes limbes l'espoir à peine déguisé d'un conflit nucléaire qui réglât une fois pour toutes son compte à cette sale espèce. Ce serait l'arrivée des Temps. Il n'y aurait plus de compte à rendre à personne ni de livres à écrire, rien. On survivrait comme des taupes, une fois rasée de la surface de la terre ce qu'on appelle la civilisation. Peut-être un « ensauvagement » progressif (ce mot ne figure dans aucun dictionnaire, tant pis pour les puristes) des survivants rendrait au monde sa présence péremptoire. Aucune apocalypse ne me paraissait suffisamment grandiose pour venir à bout d'un mal dont je n'étais pas le seul à souffrir. J'avais la certitude que l'œuvre et le destin d'un Rimbaud, d'un Lautréamont, d'un Artaud, comme celles d'un Novalis, d'un Schumann, d'un Hölderlin ne pouvaient se concevoir hors du contexte occidental. Ainsi pour Ravel et pour Debussy, Proust et Vincent Van Gogh. Du génie au petit talent, il y avait place pour mes propres affres.

J'avais noté dans mes carnets une réflexion de Villiers de L'Isle-Adam qui me semblait mettre en accusation un mouvement historique entraîné dans une épouvantable aberration, dont l'effet le plus funeste était de persuader chacune de ses victimes qu'elle devait son malheur à un sort personnel :

« Néanmoins, je suis forcé de l'avouer, je suis sujet à un mal héréditaire qui bafoue, depuis longtemps, les efforts de ma raison et de ma volonté! Il consiste en une *Appréhension,* une *Anxiété* sans motif précis, une AFFRE, en un mot, qui me prend comme une crise, me fait savourer toute l'amertume d'une inquiétude brusque et infernale – et cela le plus souvent, à propos de futilités dérisoires! »

J'étais persuadé que, né indien, et à une autre époque, la pierre serait restée pierre sous mes doigts, que l'aube aurait été chaque fois la première, que je n'aurais pas été entraîné dans une débâcle dont il ne faisait aucun doute dans mon esprit qu'elle remontait aux origines de l'Occident, au moment diabolique et merveilleux où l'homme avait commencé à se penser – ou s'inventer – comme tel. L'idée m'obsédait que Freud, pour ne citer que cet exemple, participait d'une moisissure confirmant le degré de décomposition d'une société qui s'était elle-même exilée de ses origines terrestres pour évoluer dans un univers de plus en plus abstrait et in-signifiant.

En somme, nous vivions chacun séparément la mort d'une civilisation exsangue, vidée de ses forces et de ses soutiens irrationnels. J'étais à l'agonie pour m'être trop souvent répété que deux et deux font quatre.

Le plus étrange, c'est que tout en étant réduit à l'état de légume, ma pensée, opiniâtre, poursuivait en moi son chemin sans que j'en sache rien, comme indépendante de ma volonté, épargnée par mon délabrement psychique. Je ne faisais rien de tous mes après-midi, incapable de jeter un coup d'œil hors de la maison, sur un décor mangé aux vers, que mon regard eût traversé sans être arrêté par rien. La nuit tombait. Je m'abrutissais d'images de télé et serais resté planté devant la mire qu'on émet les jours de grèves pour n'avoir pas à subir le poids des choses qui m'environnaient. Je m'endormais en récitant des prières destinées à un Dieu qui se fichait bien d'exister, mordant mon poing pour ne pas éclater en sanglots, et harcelé par la vision des corps décomposés de ceux que je me savais condamné à aimer jusqu'à ma propre mort.

Mourir ? Ce n'était pas une mauvaise idée...

Une nuit d'hiver, tu te glisseras hors du lit sans réveiller Françoise, à qui tu laisseras un mot épinglé sur ton oreiller : « Je rentre à la maison. Il faut que je dise combien je t'aime, combien je vous aime tous. Mais la plaisanterie est finie. Vous me retrouverez sur le sommet de l'Aigoual, près de ma voiture enfouie dans la neige. Ni fleurs ni couronnes. Je ne veux plus t'imposer la présence d'un impotent. Tu m'as donné ta jeunesse, ta pureté, ta pauvreté merveilleuse, celle qui consiste à ne pas se cramponner à sa propre vie comme à un sac de pièces d'or. Je ne t'ai donné que mon nom et un beau garçon qui te ressemble. Salut à tous. Aimez-vous comme je vous ai aimés..., etc. »

– Tu te prends pour le Christ ? me soufflait mon sens du ridicule.

– Je n'ai plus de comptes à te rendre. La photogénie littéraire n'a plus cours dans ces lieux où la mort vous braque son arme sous le nez. Va te faire foutre.

– Tu sais que le suicide est un péché mortel ? surenchérissait un antique respect de la Loi.

– C'est Dieu qui me suicide. Du reste, je ne compte pas utiliser la manière forte : pas de cervelle éclatée sur les murs ni de corde à une poutre, non, aucune muflerie de ce genre. Le froid sous un ciel d'acier, il paraît qu'on se laisse aller avec une facilité stupéfiante, presque voluptueuse.

– En somme tu désertes, et tu laisses les autres se débrouiller tout seuls, reprenait ma compassion, elle toujours vigilante et prospère.

– Je ne peux plus rien pour personne. Je suis un poids pour tout le monde.

– Et Françoise, et tes fils, qui t'idolâtrent ?

– Personne n'est irremplaçable. Dans des années, les plaies seront cicatrisées. Mon plus jeune fils ne se souviendra peut-être même pas de moi (là, je trichais : c'est leur existence qui m'empêcha de « passer à l'acte »; leur existence, et probablement ma lâcheté, accompagnée d'un espoir que je croyais noyé, mais qui finissait toujours par dresser la tête hors de l'eau).

– Ta mère ?

– Il lui reste ses filles. Je ne suis pas le père ni le mari de ma mère.

– Tu es plus que cela. Tu risques de la tuer.

– Parfait. Nous rentrerons ensemble à la maison.

– Qu'est-ce que c'est cette histoire ? Veux-tu t'expliquer sur ce : je rentre à la maison ?

– Cela veut dire que je retourne au rien. Le néant n'est pas concevable. Le rien permet tous les espoirs. Il y a cinquante ans, je n'existais pas. Je ne m'en portais pas plus mal pour ça. Je vais simplement me retrouver un peu en deçà de mon point de départ. Un bébé naîtra quelque part dans le monde à l'instant de mon dernier soupir. Tout se passera comme si j'étais ce bébé.

– Tu sais bien que ce que tu as vécu existe à jamais, irrévocablement.

– Le destin tel que tu le conçois, ça n'est jamais qu'un excès de mémoire. La mort n'est qu'une amnésie, car tous les êtres se ressemblent. Et puis tout s'éteindra dans quatre ou cinq milliards d'années. Je vais te dire le grand secret, le seul, l'unique qui vaut d'être su : une seconde ou un milliard d'années, c'est tout un. Nous sommes au cœur du big-bang originel. Il ne s'est rien passé. Je ne crois dans tout ça qu'au plus petit mouvement de charité. Le reste ne vaut pas qu'on en parle : *cela n'existe pas*. Cette agitation hystérique qu'on appelle l'Histoire ne pèse rien devant un sourire, un geste de tendresse. Mais tu ne sais donc pas, toi qui sais tout, qu'il n'y a rien à savoir ? Le rien est notre patrie, notre maison douillette.

– Quel chemin depuis le prix Goncourt ! Quelle dégringolade !

– Le prix Goncourt ? C'est probablement la seule bonne chose qui me soit arrivée.

– Mais qu'est-ce que tu racontes ?

– Oui, parce que c'est grâce à lui que j'ai ouvert les yeux sur le rien, que j'ai commencé à poser le pied de l'autre côté du monde. Maintenant, je suis celui qui sait. Mon vide intérieur est le savoir suprême.

– Pourquoi ne pas survivre pour exploiter ce savoir suprême ? Tu pourrais en faire profiter autrui.

– Qu'autrui se démerde. Dans ce domaine, je crains que la règle soit le chacun pour soi. On ne peut apprendre à personne à remporter sur la mort une victoire anticipée. Tu connais le mot de Staline : « C'est toujours la mort qui finit par gagner » ? Ce n'est pas le mot d'un marxiste. C'est l'aveu d'impuissance d'un conquérant. C'est *le dernier mot* du séminariste géorgien. Drôle, quand on y songe. Le petit père des peuples découvrant à son tour que

« notre grande erreur à tous est de croire que l'homme a quelque chose à faire ici-bas [1] ».

Il n'y avait plus ni haut ni bas, ni envers ni endroit, ni dedans ni dehors. Tout était progressivement devenu équivalent : le froid et le chaud, la pluie et le soleil, le bruit et le silence, la parole et le mutisme. Les saisons se mélangeaient à tel point que je ne ressentais guère leur différence : j'étais trop loin pour ça. Je me revois descendant le chemin à travers le jardin de ma propriété, histoire de guetter le facteur, comme si j'espérais un télégramme signé de Yahvé en personne : « Inutile de s'agiter pour rien. Les trompettes ne vont pas tarder à sonner. » J'avais l'impression de me mouvoir au milieu d'un monde en meringue. Ça croustille, et c'est tout. J'espérais devenir fou. Un gentil fou qui chasse les papillons. Mon souhait de mourir congelé au sommet d'une montagne – « plus près de toi, mon Dieu... ». Non, c'était un souhait décidément impraticable. J'aurais l'air de quoi ? D'un mystique de troisième ordre. De quoi faire rigoler les fouille-merde. Mieux valait attendre sagement la conclusion naturelle d'une vilaine histoire qui remontait à un soir de mai des années cinquante.

Ravel, assis dans un fauteuil à Montfort-l'Amaury, quelque temps avant sa mort provoquée par une tumeur au cerveau, avait répondu à Hélène Jourdan-Morhange, violoncelliste de grand talent, qui lui demandait ce qu'il fabriquait là : « J'attends. »

---

1. Mgr Darboy, fusillé par les communards le 24 mai 1871.

Si vous demandiez à mes fils, à mes amis, à ceux qui m'ont approché depuis le début de ma vie quel genre de type je suis, la réponse démentirait en partie tout ce que je viens de mettre noir sur blanc.

On vous dirait que j'étais un farceur, que je ne cessais de faire le singe. Je m'obstinais à fabriquer des bombes et des fusées qui nous éclataient dans les pattes. Je prêtais volontiers mon concours à toutes les excentricités. Ma spécialité était la cure d'épouvante. J'ai toujours aimé m'entourer de vampires, de lycanthropes, de succubes et autres émissaires du démon, raconter de terrifiantes aventures, histoire de charmer mon entourage et de distraire ma propre angoisse. La peur succulente du loup contribue à l'équilibre des enfants, même âgés de cinquante ans, comme le bon usage de la terreur, lorsque celle-ci est imaginaire et nous épargne momentanément les implacables arrêts de la logique pure.

J'organisais avec mes proches des expéditions dans les conditions météorologiques les plus exécrables, lorsque l'hiver nous allions passer trois jours dans des fermes abandonnées perdues au large du causse. J'étais le *Deus ex machina* de nuits mouvementées où, après avoir mis mon auditoire en condition autour d'un âtre délabré par des récits à glacer d'effroi Lovecraft, toute sorte de manifestations étranges se produisaient, soigneusement mises au point par ma longue expérience de docteur ès frissons.

Dans la mesure où il ne se passe jamais rien qui échappe aux strictes ordonnances du destin, où les fantômes ne nous font pas la grâce d'exister, émissaires de l'au-delà, ectoplasmes et autres fumées, il faut bien pallier les lacunes d'un univers mathématique, et se fabriquer ses propres spectres.

J'aimais les tentes sous la tempête, les forêts méphitiques hantées d'un silence augural, les déserts antédiluviens où l'Histoire n'a pas mordu, et où il semble précisément que va se produire l'Événement des événements. Comme Il l'a fait à Moïse, Yahvé va nous apparaître pour mettre un peu d'ordre dans notre désarroi. Yahvé, une soucoupe volante, une lumière venue d'ailleurs et porteuse de tous les espoirs.

Il m'est arrivé de vivre plusieurs jours et seul dans ces lieux frappés de torpeur qui attendent la trompette du Jugement. Les sables du désert ou les glaces des pôles sont propices aux élans mystiques parce qu'il n'y a pas matière à singeries. On peut tout croire là où la vie s'arrête. Ce vide invite au dépouillement intérieur. Les mots perdent leur sens au profit de l'inconcevable.

C'est ainsi que je me suis fabriqué tout au cours de ma vie mes Thulé personnelles. Sur le fronton de l'université de Cambridge est gravée une formule en latin qui signifie cette attraction irrésistible qu'excercent les lieux ingrats où la vie devient survie : « Il a cherché les secrets du Pôle, il a trouvé ceux de Dieu. » Cela m'explique la raison pour laquelle le camarade Lénine se déclarait capable de concevoir les chimères des conquérants, mais achoppait sur la folie des anachorètes.

Tout n'a pas été noir. Dans cette existence sablonneuse où s'épuisaient mes sèves, il y a eu des instants de grâce que je pourrais compter sur les doigts.

Je me souviens d'un matin à Venise où j'avais laissé Françoise dormir tout son soûl pour aller lui acheter un foulard de soie dans une boutique du Rialto. Les couleurs me paraissaient plus vives que d'habitude et je percevais la présence des choses avec une acuité surnaturelle. On aurait dit que mon corps avait cessé de m'importuner, mon corps et ses rappels à l'ordre tyranniques. Je me sentais l'âme de Swann transfigurée par la petite phrase de Vinteuil (l'admirable *Sonate pour piano et violon* de César Franck) : « Or, comme certains valétudinaires chez qui, tout d'un coup, un pays où ils sont arrivés, un régime différent, quelquefois une évolution organique, spontanée et mystérieuse, semble amener une telle régression de leur mal qu'ils commencent à envisager la possibilité inespérée de commencer... » (Tiens, deux fois le verbe commencer dans le même phrase) « ...sur le tard une vie toute différente, Swann trouvait en lui, dans le souvenir de la phrase qu'il avait entendue, dans certaines sonates qu'il s'était fait jouer, pour voir s'il ne l'y découvrirait pas, la présence d'une de ces réalités invisibles auxquelles il avait cessé de croire et auxquelles, comme si la musique avait eu sur la sécheresse morale dont il souffrait une sorte d'influence élective, il se sentait de nouveau le désir et presque la force de consacrer sa vie. »

Je me souviens d'une balade dans les bois de Domessargues où, franchissant un clapier effondré parmi les chênes verts, d'un coup me monta au cœur, pour une raison qui semblait ne rien devoir au lieu, la présence extraordinairement aiguë de ma ville natale en été, avec ses rues chaudes sillonnées d'hirondelles, et l'odeur d'aubergines frites exprimant à elle seule l'essence des étés d'autrefois, et ma grand-mère s'activant devant son fourneau, des valises entassées dans le corridor supposant un départ en vacances imminent pour les montagnes du Vercors, par ces routes bleues et bombées ombragées de platanes, si caractéristiques de l'époque des « congés payés ».

Je me souviens d'un autre matin à Domessargues, où j'étais assis à l'ombre d'un énorme chêne, tandis que chacun vaquait à ses affaires; c'était un dimanche de juin : des bruits de vaisselle me parvenaient de la cuisine accompagnés d'un parfum d'oignon frit, véritable baume pour les âmes déchiquetées et inquiètes. Notre petit tracteur ronronnait au milieu des oliviers, conduit par mon fils aîné Emmanuel, qui tondait les hautes herbes et les ronces. Ma grand-mère et ma mère dressaient la table sous notre grand préau de ferme, décoré de toutes sortes d'outils comme une toile de Breughel. Les deux plus jeunes garçons jouaient sur un tas de sable avec leurs petites voitures. Je n'osais bouger un cil, crainte de mettre en déroute l'instant de paix heureuse que je goûtais.

Je me souviens d'un matin d'hiver ici même, où je marchais sur le chemin croustillant de neige au lever du soleil, un soleil presque aussi neuf que dans mes souvenirs les plus lointains. Ses rayons encore obliques éclairaient en les bleuissant des fleurs de givre qui étincelaient comme des diamants sur la croûte gelée, et, brusquement, la certitude me vint que ces fleurs éphémères étaient une manifestation divine. Il m'est presque impossible de préciser ici un sentiment, une impression qui relèvent de l'ineffable : pendant une parcelle de temps infinitésimale, je sentis la présence de Dieu dans ces cristaux étincelants, non parce qu'ils étaient beaux – nul ne se méfie autant que moi des mirages dont est capable la beauté –, mais parce qu'ils étaient *gratuits,* inutiles, superflus. Ce qui se passe dans une durée qui n'est pas mesurable perd toute sa signification à être transposé dans un temps ordinaire. Je me laissai envahir d'une délicieuse plénitude, aussi légère que la marche du soleil sur la neige.

Je me souviens d'avoir pris une douche froide, dans la petite salle de bains de mon chalet, un matin d'été. Je m'étais savonné des pieds à la tête ainsi que ma manie de la propreté m'invite à le faire plus que de raison; j'avais ouvert le fenestron par lequel j'aperçois le mamelon dénudé du Devois si cher à mon cœur. L'air vif exaspéra l'odeur de savonnette, et ce fut comme si d'un coup je venais de retrouver ma jeunesse intacte.

Je me souviens ainsi de quelques moments miraculeux épargnés par la décomposition de mes sens : des sourires de filles, un chien endormi sous un porche d'où suintait une fraîcheur subtile, un frémissement de vent dans le feuillage d'un platane, la vue d'un sentier inconnu grimpant au flanc d'une montagne, une prairie couverte d'asphodèles, un disque de jazz me communiquant une irrésistible envie de vivre et d'aimer, deux grand-mères tricotant devant le pas de leur porte dans un village où tombait lentement le soir, un pâturage dont il semblait que la couleur verte eût été à l'instant inventée pour lui, et bordant avec une docilité de gazon l'épaisse muraille d'une forêt d'épicéas où quelques chalets plus irréels que ceux des contes pointaient leurs lucarnes sur le lac du Bourget...

Il y a eu cette femme d'ouvrier au chômage, rencontrée à Nancy au cours d'une signature : « Je ne suis pas venue pour vous faire signer mon livre. Je suis venue pour vous remercier de m'avoir offert une résidence secondaire en Cévennes. » Je m'étais levé pour l'embrasser : elle avait des larmes dans les yeux.

Il y a eu cette représentation du *Martyre de saint Sébastien,* de Claude Debussy, au théâtre antique d'Orange. Une soirée sans un souffle de vent. Les grandes draperies sonores du prélude montaient dans la nuit, et sous l'émotion que me communiquait cette musique rénovatrice, il me semblait que cet univers en chantier dont les constellations s'amoncelaient au-dessus de ma tête trouvait, après des milliards d'années de hasardeuses combinaisons atomiques, sa conclusion logique dans ces sonorités profondes qui en préfiguraient le devenir : j'étais éberlué par l'existence de l'orchestre et de ces choristes, comme si leur présence supposait un grand secret dont la musique ne dévoilait que l'envers, un grand secret qui n'eût pas été différent qu'elle qu'eût été l'œuvre au programme.

Il y a eu, toujours au théâtre d'Orange, cette phrase musicale d'une miraculeuse simplicité, sur laquelle s'achève *Jeanne au bûcher*, d'Arthur Honegger : « Personne n'a un plus grand amour, que de donner sa vie, pour ceux qu'il aime. »

Il y a eu le chœur final de *L'Enfant et les sortilèges*, de Maurice Ravel, composé à la manière des polyphonistes : « Il est bon, l'enfant, il est sage... » C'était un soir de mai, à Domessargues, à l'heure où sortent les premières chauves-souris. Par la porte-fenêtre de ma chambre pénétrait l'odeur d'herbe et de menthe fraîchement tondues...

Il y a eu ce matin de juin où je venais de me baigner de bonne heure dans la mer, du côté de Carnon, et brusquement, les odeurs mêlées d'algues et de résineux qui bordaient la plage, dans un jardin envahi par le sable... Pendant quelques minuscules secondes, je me crus guéri, délivré, ressuscité de mes cendres inertes.

Il y a eu ces deux gigantesques sorbiers, plantés sur un gazon de rêve et surplombant, depuis un col que j'aperçois par une fenêtre de mon chalet, les ruines d'une énorme ferme comme bombardée par les ravages du temps. C'était à l'aube, un matin d'automne où l'atmosphère était si pure qu'entre les pentes boisées du col m'apparaissaient au loin avec une mystérieuse netteté tous les détails du causse

Méjean. J'étais assis entre ces deux arbres, et leur tranquillité végétale me tint si agréablement compagnie que l'hypothèse d'être un jour enterré entre eux me causa un bizarre sentiment de sécurité. En somme, nous serions en famille. Leurs racines envelopperaient tendrement mes restes, s'en nourriraient, et peut-être acquerrais-je enfin à travers leurs feuillages et ces petites grappes de baies rouges qui les illuminent en automne un regard sur le monde plus amical et plus serein que l'espèce humaine n'en est capable.

Il y a eu cet instant mystérieux que je vécus dans un grenier, à Forcalquier, en juillet 1970. Mon ami Temple et moi tournions pour le Service de la recherche et Pierre Schaeffer, son directeur, un film de télévision : *L'Itinéraire du Hussard,* inspiré du roman de Giono. C'était onze heures du matin. Il faisait une chaleur torride. On entendait grésiller le soleil sur les tuiles. Tout à coup, en observant les toits décomposés par la lumière de chaux vive, les génoises, les vieilles galeries couvertes où l'on met le linge à sécher, je *devins* Angelo Pardi, le héros du *Hussard sur le toit* qui fume ses petits cigares et dévore des poulets rôtis parmi les cadavres des cholériques. Le temps n'existait plus. Ce n'était pas en 1830 que je me retrouvais, mais dans l'espace-temps éternel que Giono avait créé dans son livre. Ce fut un instant de bonheur si aigu que je me propose depuis ce jour d'écrire une *Variation sur le Hussard.*

Il y a eu, souvent, les yeux de ma femme Françoise posés sur moi, anxieux, intenses : Que serais-je sans toi...

Tous ces « instantanés » ont joui du même privilège : ils m'ont projeté dans du *temps arrêté.* Je m'amuse à penser que c'est peut-être la couleur que prend l'éternité, pressentie depuis le flux qui nous emporte...

Les méfaits de l'insomnie et de l'anxiété m'étaient familiers de longue date. J'avais épluché tous les ouvrages traitant des dérèglements nerveux, psychiques, psychosomatiques. Mais à l'inverse de l'hypocondriaque qui s'attribue tous les symptômes des maladies en feuilletant d'un doigt avide un dictionnaire médical, je restais sur ma faim. Je n'étais jamais tombé sur un seul paragraphe où je reconnusse les maux dont je souffrais. J'avais lu Freud, comme tout le monde. Mon sentiment était d'y découvrir le monde par le petit bout de la lorgnette, en dépit de la séduction que pouvait exercer cette démarche sur des cerveaux moins rétifs que le mien à l'esprit de système et aux conclusions quelles qu'elles fussent. A force de me heurter aux incompétences de la médecine ou à ses prétentions de tout ramener à des classements arbitraires, j'avais fini par croire que mon état n'était que la conséquence logique d'une santé d'esprit particulièrement rebelle aux misères de la condition humaine. En somme, j'étais malade pour avoir voulu rester trop bien portant dans une société infirme et dans un univers défectueux.

En 1984, ayant choisi de ne pas mourir, par égard pour ma femme et mes enfants, je me mis à étudier mon cas avec ce regard clinique dont se montrent capables certains malades quand l'inertie de la médecine et la persévérance de leur délabrement viennent à bout de leur patience.

J'avais établi par écrit un bilan de mon état en écartant toute considération qui pût m'entraîner dans ces zones floues où l'on ne sait plus ce qui relève de la maladie ou de la littérature, complices de nombreux méfaits à un niveau inaccessible aux enquêtes des praticiens.

1. J'étais coupé du monde depuis la fin de mon adolescence.

2. J'étais la proie d'une angoisse permanente qui m'empêchait de goûter aux joies de la vie les plus simples.

3. Je vivais dans un présent inhabitable, lacéré par les coups de griffe du passé, hanté par un avenir sans autre issue qu'une boîte en sapin.

4. Le moindre effort intellectuel me secouait l'épaule à deux heures du matin, hypothéquant mes forces avec mon sommeil.

5. Je ne pouvais supporter les changements de saison. L'apparition d'un nuage dans le ciel pesait sur moi comme une menace.

6. Mes cauchemars étaient peuplés de chairs décomposées ou d'araignées. La vue d'une seule de ces bestioles soulevait en moi une répulsion qui m'eût fait préférer de combattre un tigre ou un ours à mains nues.

7. Des accès de colère me prenaient pour des

vétilles, me rendant capable d'occire quiconque me résistait.

8. Je ne pouvais supporter de voir vieillir ma mère, grandir mes enfants, c'était tout simplement le temps, cette abomination des abominations, devant lequel mon corps et mon esprit se révulsaient comme ils l'eussent fait devant un poison mortel.

9. Je résistais à la plupart des maladies, sauf à la pire de toutes : vivre sans vivre.

10. Une douleur permanente me grignotait le bas de la colonne vertébrale, à proportion de ma lassitude morale.

11. Tous les neuroleptiques, inducteurs de sommeil, antidépresseurs, fortifiants, stimulants psychiques se montraient sans effet, ou, s'il y avait effet, la situation ne faisait que se dégrader davantage.

12. Je ne parvenais plus à comprendre la signification des mots pour peu que je m'attarde à y regarder de plus près.

13. Mes insomnies avaient pris sur moi un empire définitif une fois que j'avais écrit le mot « fin » sur la dernière page de cet *Epervier* de malheur qui m'avait valu le Goncourt.

14. Je ne pouvais pas supporter mon écriture. Ce qui m'obligeait à travailler avec une machine. Mais je piétinais devant une virgule. Une seule rature sur la page me forçait à déchirer celle-ci. J'avais besoin d'une perfection visuelle comparable à celle que me donnaient les livres.

15. J'étais mal partout. Je ne pouvais tolérer les moindres déplacements. Un ennui accablant m'accompagnait dans tous mes voyages. Je trouvais écœurante la distance qui me séparait de mon lit,

seul lieu où mon existence pouvait végéter sans me causer ces atroces paniques lancées à mes trousses lorsque je m'en éloignais.

16. Depuis la fin de mon adolescence, le problème du mal me persécutait dès que je mettais le pied sur le terrain miné de la métaphysique. Je répugnais à tomber dans le piège grossier qui consiste à penser que Dieu ne peut pas exister dans un univers où tout dément Sa Bonté. Je me voyais contraint de ferrailler contre l'insoluble *sans me payer de mots,* en essayant de concilier la présence permanente du mal et l'amour divin. Je concluais sans conviction que le mal était le prix de notre liberté. Mais cette conclusion n'apaisait pas les doutes soulevés par cette contradiction. La seule vue d'un lion déchiquetant à belles dents une antilope ou d'une mouche prise dans une toile d'araignée me ramenait à la case départ. Dieu n'existait pas, à moins qu'Il ne fût un sauvage ou un fou. Une idée encore plus insidieuse se glissait dans mon esprit : le mal n'existait pas. Le bien non plus, du reste. Tout ça n'était qu'affaire de sentiments : rien, en somme.

Je haïssais le calme serein avec lequel les chrétiens s'empiffraient de biftecks ou de poissons à tous les repas. J'eusse souhaité un règne du vivant uniquement composé d'herbivores.

Du plus angélique des mystiques au plus féroce des assassins, le genre humain me semblait constitué de brutes hébétées. Ce ressassement opiniâtre me tournait et me retournait sur le gril de l'absurdité et il faudrait remplacer ma cervelle par de la sciure pour m'en guérir.

J'adressai ce bilan à mon ami Jean-Louis Raoux que désolaient ma réclusion et mon impuissance.

Un matin, il m'appela par téléphone.

– Saute dans ta voiture et viens me voir. J'ai peut-être quelque chose pour toi.

J'étais chez lui dix minutes après.

– J'ai réfléchi sur ton bilan. En dehors de toute considération médicale, je crois avoir deviné en partie le mal dont tu souffres. Ce mal du reste n'est que la conséquence d'un état dépressif permanent qui n'a jamais été soigné. Si tu n'étais pas celui que je sais, c'est-à-dire un écrivain et non un rempailleur de chaises, je dirais que tu es un maniaco-dépressif. Dans ton cas, ces termes n'ont aucun sens. C'est une commodité opérationnelle qui n'entre forcément pas dans tous les moules. Maniaco-dépressif ? On croit avoir tout dit... Et l'on n'a pas avancé d'un pas. Chacun s'invente une maladie conforme à son portrait. Tu ne peux plus écrire parce que tu te crispes trop sur ta plume. Et tu te crispes trop sur ta plume parce que *tu es malade de perfection.* Ton prix Goncourt n'a fait qu'empirer les choses : il t'a complètement déstabilisé, parce que tu te crois désormais obligé d'être Chateaubriand ou rien. Il va falloir casser la baraque, mon vieux. Tu vas me faire le plaisir de te laisser aller comme si tu pissais dans tes vignes. Mais nous allons d'abord attaquer le mal à la base. Je viens de recevoir un médicament composé d'une nouvelle molécule qui ne ressemble en rien à ce qu'on a connu jusqu'à aujourd'hui. Une pilule le matin, une à midi, une le soir.

La salle d'attente était bourrée de clients. Il

m'accompagna jusqu'à ma voiture et, au moment de me quitter :

– Il se peut que tu sois surpris par le résultat. Pourtant, cette molécule n'est pas un somnifère. Elle appartient à la famille des prosérotoninergiques. Tu as entendu parler de la sérotonine ?

– Non.

– C'est un neurotransmetteur dont les propriétés sont très surprenantes.

– Mais de quel résultat parles-tu ?

– Dormir. Dormir comme un loir. Ne t'affole pas si tu hibernes au fond de ton lit. Je surveillerai l'évolution de la situation.

J'avais collectionné, absorbé, jeté au feu une telle quantité de médicaments depuis ma dix-huitième année qu'ayant perdu la foi en toutes les thérapeutiques, je n'avais aucune chance de profiter de l'effet *placebo* dont l'optimisme et la lucidité de mon ami Raoux eût pu me faire bénéficier. C'est dépourvu de la moindre conviction que j'avalai dans la journée mes trois pilules. Mon médecin m'avait annoncé qu'une bonne semaine de traitement serait nécessaire avant que je n'en ressente les effets.

Je m'endormis le soir même vers onze heures, après avoir regardé un film dont je me souviens parfaitement, puisque à partir de ce jour, ma vie allait être transformée. C'était *La Lettre du Kremlin,* de Huston. Je plongeai immédiatement dans un sommeil si profond que ma femme éprouva le besoin, au cours de cette nuit salvatrice, de poser son oreille contre mes lèvres pour s'assurer que je n'étais pas mort.

J'ouvris les yeux quelques secondes après les avoir fermés : il était onze heures du matin. Stupéfait, je mis le nez dehors et j'allai me vautrer dans la pelouse devant la maison pour être bien certain que je ne rêvais pas. Depuis la fin des années quarante, je n'avais jamais dormi douze heures d'affilée, et d'un sommeil si profond. Après avoir pris mon repas, je regagnai ma chambre et dormis de nouveau jusqu'à cinq heures de l'après-midi. A dix heures du soir, je replongeai dans le sommeil pour me réveiller à dix heures du matin.

J'avertis par téléphone mon ami Raoux du résultat miraculeux obtenu par son flair.

– Tu as des années de sommeil à rattraper. Il n'est pas impossible que tu dormes ainsi pendant plusieurs semaines. Ensuite, tout se stabilisera. Et nous jugerons alors des autres effets positifs du traitement.

Ces effets positifs s'étaient déjà fait sentir et je n'en croyais pas mon esprit : on eût dit que je venais de subir, aussitôt après cette nuit passée dans les eaux profondes et calmes de l'inconscience, une sorte de lavage de cerveau qui eût effectué un tri infaillible en éliminant les obsessions venimeuses qui n'avaient cessé de m'empoisonner la vie pendant un tiers de siècle, pour conserver intact, ou plutôt me restituer, l'usage de mes facultés.

En quarante-huit heures, j'étais devenu un autre homme. Je jouais avec l'idée de la mort comme un chat avec sa queue. Quand je songeais à ma jeunesse, c'était sans regret :

– Elle n'est pas si loin que ça, après tout, me disais-je en m'observant dans les miroirs que j'évitais naguère comme la peste. Je pensais à ma vieillesse sans sourciller, comme s'il se fût agi d'un repos bien gagné qui me laisserait le loisir d'apprendre le chinois ou l'hébreu et de jouer aux échecs en écoutant de la musique d'opéra, salubre, prospère, charnue. Je mettais mon cerveau et mes nerfs à l'épreuve, convoquant les uns après les autres les vieux démons qui jusque-là m'avaient fait cortège sans me laisser un instant de répit. Ma lucidité, plus experte que jamais, les manipulait comme des objets inoffensifs sans en éprouver le moindre désagrément. J'étais en toute circonstance d'un calme si oriental que mes proches, habitués à mes prostrations ou à mes emportements, redoutaient que cette sérénité subite n'amorçât le processus d'un déclin inexorable.

L'effet le plus bizarre du traitement, et qui ne laissa pas de me plonger dans une fructueuse perplexité, fut – j'en demeure encore pantois – de me vacciner contre l'horreur que m'inspirait jusque-là la vue d'une araignée. Je ne me mettais jamais au lit sans examiner tous les recoins de la chambre, la cloison derrière le lit, les draps, les oreillers, les couvertures, juqu'à l'envers des tableaux accrochés aux murs, crainte d'y dénicher le monstre embusqué. J'utilisais toutes sortes de produits chimiques que je répandais le long des portes et des fenêtres pour leur en interdire l'accès. Je n'irai pas jusqu'à dire qu'ensuite j'en aurais croqué une vivante en guise d'amuse-gueule comme font les couleuvres, mais depuis que ces « pilules miraculeuses » avaient fait leur office, le spectre des araignées s'était évanoui avec toutes les autres aberrations dont mon esprit torturé se montrait capable.

Dire que je me sentais revivre donnerait une faible idée de l'impression de résurrection que j'éprouvais tous les matins en ouvrant l'œil sur un univers pacifié.

Au cours de cette première année de traitement, après trois mois passés à dormir comme sous l'effet d'un charme, je me mis à dévorer tous les livres qui me tombaient sous la main. Je déchiffrais les ouvrages les plus impraticables avec une aisance de surdoué. Je fréquentais les philosophes les plus ardus sans le moindre effort. Ma mémoire enregistrait tout avec une facilité d'ordinateur. Je ne touchais pas encore à ma plume, préférant obliger mon esprit à faire des gammes, à exercer sa forme sur des phrases qui serviraient, le moment venu, de locomotive à mes propres véhicules.

Autre signe de renaissance : au moment de m'endormir, moment naguère vécu comme une mise au tombeau, je me berçais de songeries jubilatoires dont je reprenais chaque soir le fil avec la même soif qu'on ressent à poursuivre la fabrication d'un roman qui nous électrise.

Je voyais une sorte de moine-guerrier revêtu de cotte de mailles, traversant sur une monture robuste des étendues glacées et crépusculaires. Je le suivais à travers le Groenland, vers quelque improbable Thulé. Cette marche à travers le néant polaire me faisait entrer dans le sommeil comme un enfant dans une forêt emplie de sortilèges. Mon chevalier solitaire se dirigeait vers son *Ultima Thulé* où se trouvait un manoir en ruine dans lequel un sarcophage de granit inhabité attendait son futur locataire. Cette aventure aux conclusions plutôt lugubres me remplissait d'une jouissance qu'encore aujourd'hui je parviens mal à m'expliquer.

J'entretenais un autre rêve, celui-là tout à l'opposé du premier, et dont j'étais l'acteur principal.

Il avait pour décor New York. New York en plein été, par une chaleur torride, et j'en étais l'unique occupant. Je ne cherchais même pas à justifier la désertion de la grande cité d'outre-Atlantique par ses habitants. Ils avaient fui, un point c'est tout. Ils avaient fui pour laisser le champ libre à mes appétits les plus inavouables. J'errais dans les rues vides à la recherche d'un véhicule capable d'emprunter des chemins scabreux. Enfin je découvrais la Cherokee que j'ai toujours rêvé de posséder, abandonnée par son propriétaire, avec les clés sur le contact. Je raflais dans les magasins dont je brisais allégrement les vitrines tout ce qu'il fallait pour survivre : nourriture, boissons, médicaments, ainsi que toute sorte d'armes allant du revolver à la mitraillette, sans oublier grenades et bâtons de dynamite. Rien n'était plus savoureux que ce pillage en règle. Il y avait à bord du véhicule une C.B. Je cherchais sur toutes les longueurs d'ondes une voix crachotant ses appels depuis je ne sais où et je finissais par capter celui d'une femme à moitié folle de solitude, barricadée dans une villa de Long Island. Je lui accusais réception du message dans mon mauvais anglais qui rendait d'ores et déjà notre dialogue difficile et délicieusement troublant. Ne connaissant pas New York, je lui fixais rendez-vous devant l'Empire State Building, aussi célèbre que la tour Eiffel ou le Colisée. Elle arrivait au bout d'une heure dans sa grosse Chevrolet. C'était une jeune Américaine qui changeait tous les soirs d'identité, au gré de ma fantaisie. Peu importait du reste qu'elle fût blonde, châtain ou brune, pourvu qu'elle fût vêtue d'un tee-shirt ample où je devinais la danse de ses seins, d'un jean coupé au-dessus du genou, et chaussée de baskets comme les collégiennes sur le campus des universités. Elle s'avançait vers moi, anxieuse, redoutant que je fusse un extra-terrestre ou un voyou; je lui rendais confiance en lui expliquant – mal, ce qui corsait la situation – qui j'étais et d'où je venais. C'est alors qu'elle éclatait en sanglots dans mes bras : *I don't want to be alone, come with me, oh! do, do please!* Nous allions jusqu'à son bungalow de Long Island. Le soir même, nous captions sur la C.B. un appel venu d'un groupe de réfugiés installés dans les montagnes Rocheuses, au nord de San Francisco. Nous décidions de les rejoindre et de quitter New York dès le lendemain matin. Je passais une nuit exquise sur le sofa de la salle de séjour, non loin de la chambre où dormait ma protégée. Commençait ensuite un voyage extravagant qui nous obligeait à dévaliser les boutiques, à pomper l'essence à l'aide d'un tuyau dans les réservoirs des véhicules abandonnés afin de poursuivre notre route. La nuit, quand nous faisions étape, je dormais sur le sol, près de son lit, car l'angoisse en faisait une proie rêvée à laquelle je me gardais bien de toucher, sauf à lui tenir la main en m'allongeant près d'elle lorsque des cauchemars ou des crises d'angoisse la faisaient dresser sur son séant.

Le but sournois de ce « rêve entretenu » était un rapprochement millimétrique entre cette jeune Américaine et moi, une tension accrue que je n'aurais pour rien au monde conclue par un acte dont je repoussais tous les soirs l'échéance.

Lorsque j'atteignais l'instant suprême où une tornade apocalyptique nous jetait dans les bras l'un de l'autre, sur le lit du motel que nous avions choisi pour passer la nuit après avoir défoncé des portes à coups de pied, je reprenais mon rêve à ses débuts, dans New York surchauffée, et repassais le film avec des variantes épousant mes caprices. Seuls demeuraient le tee-shirt flou habité d'un balancement délectable, le jean effrangé au-dessus du genou et les baskets, symboles probables d'une jeunesse dont m'avait détroussé une mauvaise étoile et qui émergeait intacte et assoiffée des limbes où elle avait si longtemps langui.

Il n'y avait pas à s'y tromper; mon feuilleton naïf digne d'un scénario de série B mettait en évidence mes penchants anarchiques d'enfant mal élevé : à l'instar du jeune garçon conçu par Colette à l'intention de son complice Maurice Ravel, j'avais besoin d'une planète à peu près déserte pour casser des vitrines, n'en faire qu'à ma tête et me payer le luxe d'une rencontre amoureuse portée à sa tension la plus élevée par une retenue voluptueusement cultivée.

De 1984 à 1985, je dégustai ma convalescence avec les sentiments d'un condamné à mort qui a fait la belle et se fabrique une nouvelle vie grâce à son magot dans une de ces régions d'Amérique du Sud où se dissolvent les identités. Ce fut mon année sabbatique. La facilité avec laquelle je lisais me permit d'étendre mes investigations au-delà des limites qui, autrefois, m'avaient été imposées par mon infirmité. J'étais un bateau ivre qui se laissait aller au fil des fleuves impassibles. J'attendais sans impatience le déclic qui, un matin, me jetterait sur le papier pour une navigation en haute mer, toutes amarres larguées.

Comme tardait à se manifester l'élan créateur, je finissais par m'inquiéter : en révoquant le mal, cette molécule dont je bénissais à chaque instant la découverte n'avait-elle pas également révoqué le démon de l'écriture et tous les ingrédients dangereux dont celle-ci se nourrit ? Chaque soir avant de m'embarquer pour l'Amérique ou pour le Pôle, j'essayais de me rassurer : « Ce sera pour demain. Ça viendra au moment où tu t'y attendras le moins. L'amour est comme l'écriture : il ne se présente jamais du côté qu'on croit..., etc. »

Mais non, silence. J'étais en paix avec tout. J'éprouvais ma sensibilité avec des œuvres musicales qui autrefois m'arrachaient le cœur, crainte d'être passé de l'état de légume triste à l'état de légume béat. Non, il n'y avait rien à craindre. Ce qui était déchirant restait déchirant, mais le profit que j'en retirais ne me coûtait plus le prix exorbitant qu'autrefois je payais : celui de l'irrémédiable et de la nostalgie. En somme, j'étais devenu un homme à peu près normal, c'est-à-dire capable de s'utiliser sans brûler vif.

Mes enfants grandissaient : eh bien, qu'ils grandissent. Ma mère vieillissait : je pouvais la prendre dans mes bras sans réveiller en moi des rugissements de bête blessée à mort. Mon père et ma grand-mère étaient morts : c'était la loi, toujours aussi scabreuse, mais la leçon la plus urgente à recevoir de la vie est de respecter l'irrémédiable : leçon tardive, mais il n'est jamais trop tard pour bien faire.

Il m'arrivait, désormais par excès d'enthousiasme, de toucher encore à la bouteille. J'y prenais désormais du plaisir lorsque jadis c'était la lie de ma faillite que j'avalais avec amertume.

Jean-Jacques Pauvert m'avait débarrassé de l'éditeur encombrant auquel j'étais lié par contrat, un éditeur qui évoquait *Le Château* de Kafka, comprenne qui voudra. Pendant la durée de mon contrat, cette forteresse consomma je ne sais combien de directeurs littéraires qui ne dirigeaient rien, avec lesquels je n'avais aucun contact, dont je ne recevais aucun conseil, sinon celui « d'écrire dans l'universel » (*sic*). Je me demandais si quelqu'un tenait la barre de cette galère : c'était à croire que non. On m'avait laissé entendre en outre que certaines indélicatesses avaient été commises à mon détriment. Entre le silence des responsables et ces bruits fort désagréables à l'oreille d'un auteur, je n'avais qu'une solution : la fuite. Comment conserver ma confiance à l'égard d'une machine sans tête qui ne faisait qu'aggraver, avec mes soupçons, hélas fondés, le sentiment de mon impuissance ? Délivré de ce carcan, je me sentais déjà des ailes. Rien n'est plus important pour un écrivain que la solidité des liens autres que financiers qui l'attachent à son éditeur. J'en fais aujourd'hui l'expérience particulièrement heureuse.

En juin 1985, Jean-Jacques vint à Nîmes pour rencontrer Jean Bousquet, alias Cacharel, maire de Nîmes, auquel il voulait proposer la publication d'une série d'entretiens. J'avais de mon côté le projet de faire inviter par la municipalité de Nîmes William Styron, projet auquel Jean Bousquet donna immédiatement son accord. Nous déjeunions chez lui quand on en vint à discuter de ces fameux entretiens auxquels Jean-Jacques semblait attacher une grande importance.

– Mais avec qui dois-je effectuer ces entretiens? demanda Jean Bousquet.

Jean-Jacques lui répondit par un sourire énigmatique et dirigea ostensiblement son regard sur moi.

– Pourquoi pas, dit le maire. Après tout, ce n'est peut-être pas si mal de jouer la partie avec quelqu'un qui n'est pas tout à fait du même bord que moi.

Ce fut ce travail de commande qui remit le bâtiment à flot [1]. Jean-Jacques, avec un doigté asiatique, avait su trouver le biais capable de m'obliger à écrire sans que ce travail anodin et plutôt émoustillant, comme une partie de tennis, me fît remettre en question la création tout entière, ainsi que j'en éprouvais la nécessité dès que je posais ma plume sur le papier.

Fin juin 1985, par une glorieuse matinée d'été où le ciel était si pur que j'apercevais au loin le moindre détail des montagnes comme à travers un télescope, une décision subite fit littéralement explosion dans mon esprit. C'était comme si je venais d'être brusquement délivré du mauvais charme qui me retenait

1. Ouvrage pour l'instant inédit.

prisonnier à Domessargues où j'avais traversé les épreuves les plus redoutables de mon existence. Tout, de ce village muet, de ces collines rongées par la chaleur, de ce grand jardin où dépérissaient cyprès et pins d'Alep, comme symbolisant le rite funèbre de ma longue agonie, de cette bâtisse pesante et froide, de ce vide que j'y avais toujours éprouvé, tout me devint subitement étranger. C'était comme si une hache miséricordieuse venait de trancher net les ultimes radicelles qui pouvaient encore me retenir à ce tombeau.

A l'ébahissement de mon entourage, j'entassai pêle-mêle dans ma Rancho livres, dictionnaires, machine à écrire, rames de papier, vêtements *pour toutes saisons* – je suis de ceux chez qui les actes précèdent souvent la rumination – et pris la route pour mon chalet, ignorant encore que cet Aigoual auquel je devais la première étincelle de l'écriture, lorsque je l'avais entrevu entre ciel et terre trente-cinq ans auparavant, allait enfin devenir ma terre d'asile. Les miens me rejoignirent le soir même avec armes et bagages.

Une fois terminés mes entretiens avec Jean Bousquet – étonné, au cours d'une visite de travail, qu'il pût exister dans notre Gard torride un canton canadien –, je réalisai avec stupéfaction que je n'avais pas utilisé ma machine à écrire, et que mon écriture ne me faisait ni chaud ni froid. Le manuscrit des entretiens était souillé de corrections de ma main qui, peu de temps avant, l'eussent expédié au feu purificateur.

A cinquante ans, je m'acceptais enfin tel que j'étais. J'abandonnais à Domessargues le prix Goncourt et ses interminables séquelles. Je me sentais si bien dans mon être que des montées de joie comme je n'en avais connu qu'enfant me précipitaient dans les hautes herbes montagnardes où j'étreignais le sol aux senteurs sucrées, étreignant avec lui la planète entière.

La page sombre était tournée et l'on eût dit que le nouveau chapitre ne me préparait que d'agréables surprises. Mon amie Sylvie Giono, la fille cadette de Jean, accepta la publication des entretiens radiophoniques que j'avais réalisés une vingtaine d'années avant. Je disposais d'une centaine de pages pour brosser un portrait de Giono que notre affection réciproque et la connaissance que j'avais de l'homme et de l'œuvre pouvaient me permettre de traiter d'une manière originale. J'effectuai ce travail en moins de quinze jours. Ma plume courait si vite sur le papier, les idées affluaient avec une telle abondance que j'étais contraint d'utiliser un magnétophone de poche pour enregistrer pendant que j'écrivais les thèmes que happait ma plume au passage sans qu'elle eût le temps de s'y arrêter.

Après six heures de travail ininterrompu, je quittais mon bureau aussi frais qu'en y pénétrant. Je contemplais la haute vallée aux pentes étoffées de forêts, le lac, le torrent, les pâturages, et j'étais comme un aveugle qui a subitement recouvré la vue. Le monde existait, même si je ne le voyais pas avec mes yeux d'autrefois, je l'acceptais tel qu'il était, décidé toujours à ferrailler contre l'inconcevable ou l'intolérable, mais cette fois habité d'une allègre curiosité.

– Je ne quitterais plus ce pays pour tout l'or du

monde, disais-je à ma femme, qui par chance aimait la montagne autant que moi.

Et je lisais dans ses yeux incrédules : « Pourvu que ça dure... »

Du jour au lendemain, je ne touchai plus à la moindre goutte d'alcool et me mis avec volupté à l'eau de source qui alimente ici nos robinets. J'acquis une transparence et une légèreté qui me tenaient lieu d'ivresse. Giono me disait souvent : « Je me suis toujours étonné que les gourmands ne le soient pas d'air pur. » Je ne connais rien au monde d'équivalent à cette ample respiration que la vue des forêts et des lieux haut perchés dans le ciel me procurent. Mon corps ne m'appartient plus, il se dilue dans l'air vif et argenté qui grésille comme l'écume des torrents sur les pierres, et je deviens le roi du monde. La montagne m'a toujours inspiré des sentiments naïfs et féeriques. Même quand le temps est maussade et que j'aperçois depuis la fenêtre de mon bureau les écharpes de brume qui se déchirent aux branches des sapins, j'éprouve la jouissance d'une bête au chaud dans sa tanière. C'est en somme le pays des vacances éternelles, du temps magique qui ralentit son cours. Tout est magique, d'ailleurs : les étoiles géantes qu'on peut attraper en tendant la main, le bois des cloisons qui s'étire en hiver dans la chaleur du poêle, qui se dore au soleil en été, qui soupire quand le chalet fait le gros dos sous la neige, les fleurs phosphorescentes qui brillent dans les clairières avec leurs clochettes de contes, les larges foulées du vent qui brasse les hautes herbes au large des plateaux, la crudité du soleil, la fraîcheur acide des ombrages... Je m'aperçois que j'écris comme dans les calendriers pour être retombé en enfance.

Lorsqu'il fut décidé que nous installerions définitivement nos pénates dans La vallée du Bonheur, chaque matin qui se levait sur les montagnes me sembla carillonné comme un jour de fête. Moi pour qui la fin des vacances et la rentrée d'octobre avaient toujours signifié une obscure complicité avec la mort et la pourriture, j'entrais ici dans les grandes avenues dorées de l'automne comme font les montagnards qui vont la hache sur l'épaule préparer l'arrivée de l'hiver en abattant des arbres et en élevant à proximité de la maison des bûchers si admirablement composés que l'œil y savoure je ne sais quelle sécurité.

Ainsi passai-je tout le mois de septembre à appareiller mon vaisseau pour la traversée des mois noirs. Le matin, avant d'aller m'enfermer dans mon petit bureau de monastère, je partais à travers bois, faisais le tour du lac dont mon regard fraîchement affûté décuplait les dimensions. L'eau fumait dans l'aube froide. Des odeurs de champignon me venaient aux narines, complices d'autres enchantements que je n'avais jamais connus pour avoir jusqu'ici subi l'automne comme la dégradation de mon capital d'étés.

Je repris depuis leur début ces *Années sauvages* que j'avais laissées moisir de tiroir en tiroir et écrivis le roman d'un trait, muni de mon nouveau blindage chimique qui me faisait ignorer la fatigue. Je n'étais pas très satisfait du résultat : c'était un livre de transition où traînaient encore de vieilles adhérences avec un monde qui n'était plus tout à fait le mien. J'y parlais encore trop de mes obsessions dont le lecteur après tout n'a pas à faire les frais, à moins que nous ayons suffisamment de talent et de maîtrise pour les lui faire adopter sous un déguisement où il reconnaît les siennes.

Un beau matin, je reçus un coup de téléphone de mon ami Raoux, qui voulait prendre des nouvelles de ma santé.

– Résultat toujours aussi spectaculaire. Je regrette simplement que cette molécule n'ait pas été inventée il y a trente ans. Toute ma vie en eût été transfigurée...

– Autant regretter que les antibiotiques n'aient pas été inventés à l'époque d'Hippocrate. Dans cent ans, on trouvera peut-être un vaccin contre le vieillissement cellulaire. Notre destin sera toujours d'être en retard d'un train. Bon. Je voudrais que tu essaies de diminuer la dose que je t'ai prescrite.

– Mais pourquoi ?

– Pour voir, dit-il laconiquement avant de raccrocher.

De trois pilules par jour, je passai à deux et ne notai aucun changement, sinon que je dormais moins longtemps. A une pilule, je me réveillais encore un peu plus tôt, mais le bâtiment continuait à tenir la mer. Un soir, je décidai de lâcher ma dernière béquille, pensant que le traitement pouvait avoir complètement modifié ce « terrain » dont se gargarisent les homéopathes.

Ce fut la nuit de Walpurgis. Parler de cauchemars

donnerait une idée bien pâle des affres que je traversai : le plus simple est d'avouer que je crus que je devenais fou. C'est en vain que je tenterai de décrire ce qui déferla dans ma tête cette nuit-là. Je n'étais ni réveillé ni endormi : c'était un état abstrait, probablement comparable à celui que vivent les schizophrènes derrière leurs barreaux. On eût dit qu'une fois débarrassés de la sentinelle chimique qui veillait aux portes de l'enfer, toute une légion de démons reprenaient d'assaut ma cervelle pour y semer le désordre et l'épouvante.

Dès le lendemain, je repris mes pilules et les démons regagnèrent les souterrains où je les savais désormais à l'affût. Cet incident de parcours ne laissa pas de me troubler. Le mal, tenu en respect par les miracles de la biochimie, restait enraciné aux tréfonds de mon être, moléculaire ou mental, ou les deux à la fois, nul n'en saura jamais rien. Toutes les théories que les clercs se jettent à la tête souffrent du même défaut, je crois l'avoir déjà mentionné : réduire l'être à l'une de ses modalités : le poumon de Molière n'a rien perdu de sa séduction sur les esprits qui croient dur comme fer, parce que c'est plus confortable, que le tout n'est que la somme des parties.

Je mis immédiatement au courant des résultats du sevrage Jean-Louis Raoux. Il se taisait au bout du fil.

– Nous sommes dans une impasse, finit-il par lâcher.

– Mais pourquoi ?

L'angoisse me prenait à la gorge. Sans l'Indalpine [1], j'étais un homme mort.

1. Nom de la molécule qui compose ce médicament.

– Le produit est retiré de la circulation à la fin du mois sur décision du laboratoire lui-même. Il a provoqué quelques accidents chez des personnes âgées : une modification de la formule sanguine. Diminution des globules blancs. Ces cas sont rarissimes, mais ils ne peuvent pas prendre de tels risques. Je vais te prescrire un antidépresseur de remplacement. Évite un sevrage brutal. Encore trois pilules pendant une semaine, puis deux et demie, deux, etc. Maintenant que tu es loin de Domessargues et que tu as rompu le cercle infernal, je crois que tu n'as aucune crainte à avoir.

Atterré, je décidai de passer outre aux injonctions de mon ami Raoux et de la Faculté et je partis rafler dans toutes les pharmacies où l'on me connaissait ces boîtes rectangulaires, blanc et bleu, où je puisais depuis un an l'élixir de ma résurrection. J'en amassai ainsi une dizaine. A quoi serais-je réduit lorsque ma réserve de survie serait épuisée ? J'avais pendant quarante-huit heures tenté de remplacer l'Indalpine par l'antidépresseur que m'avait prescrit Raoux. Une tisane de tilleul aurait fait aussi bien l'affaire. Il s'avéra par la suite que le retrait de la drogue miraculeuse causa de graves désagréments aux praticiens qui la prescrivaient à leurs malades.

Pris de panique, j'écrivis au laboratoire qui avait mis au point la molécule une lettre en forme d'appel au secours. Le médecin responsable des recherches me répondit avec beaucoup de délicatesse et de sollicitude : en substance, il me recommandait auprès d'un professeur installé dans le Sud de la France, à qui incombait entre autres la charge de procéder à la substitution de l'Indalpine par une nouvelle molécule de la même famille, et qui ne présentait pas les inconvénients de la précédente.

C'est ainsi que je rencontrai un homme sur lequel je ne tarirai pas d'éloges, après tout le mal que j'ai dit de certains de ses confrères : le professeur Jean-Claude Scotto [1]. En trois mots, il avait compris ce que d'autres ne comprendraient pas en vingt ans. Son extrême affabilité, l'étendue de sa culture, sa compétence me mirent aussitôt en confiance : je me sentais déjà rassuré simplement parce que j'avais en face de moi un homme qui ne s'écoutait pas, mais savait écouter ses patients et saisissait entre les mots avec une étonnante faculté de synthèse le paysage mental si embroussaillé que lui présentaient à longueur de journée les êtres traqués par l'angoisse.

Sur sa prescription, je passai insensiblement de l'Indalpine à la nouvelle molécule mise au point par le même laboratoire. Il ne fallut pas moins de trois mois pour que l'échange s'effectue sans que les diables de l'enfer s'aperçoivent de la substitution : le blindage était peut-être un peu moins efficace, mais il résistait bien à leurs assauts souterrains.

Qu'on me pardonne de m'être attardé sur ce chapitre un peu ingrat : j'ai la conviction que certains m'en seront reconnaissants, si j'en juge par le courrier que je reçois : il y a vraiment quelque chose de pourri dans le royaume de Danemark, et les affaires n'ont pas l'air de s'arranger : jamais l'homme interrogé par le sens de sa vie ne s'est senti aussi seul au milieu de la multitude.

---

1. Je ne crois pas trahir le secret professionnel en précisant qu'il exerce à Marseille.

Cependant, réduire ma guérison aux seuls prodiges dont est capable la biochimie moderne tiendrait du conte de fées. J'imagine les formules cocasses dont cette *happy end* pourrait me faire cible : « Sauvé par l'Indalpine, un écrivain sort du tombeau. » Variante venimeuse : « Il aurait mieux fait d'y rester. » Quelques éditorialistes qui n'ont pas désarmé ne rateraient pas l'occasion de me fustiger : « Futurs lauréats, munissez-vous préalablement de pilules contre la pilule du Goncourt. » Des écrivains se réjouiraient du spectacle : on sait qu'entre gens de plume, nous sommes les meilleurs ennemis du monde.

Quoi qu'il en soit, des médecins intelligents m'ont aidé à renflouer un bateau qui faisait eau de toutes parts. Mais après coup, lorsque j'embrasse d'un coup d'œil ce qu'a été ma vie jusqu'ici, je conçois que cette résurrection n'est pas seulement due à une drogue miraculeuse. Je ne tiens pas à me retrouver devant des caméras en compagnie de Rika Zaraï et autres thaumaturges. Beaucoup d'écrivains ont été ou sont à moitié fous, fors les rentiers de la plume auxquels un *satisfecit* permanent épargne les nuits blanches et les jours convulsifs. Quel que soit mon talent, j'appartiens de naissance à « cette race blême et transie que ne réchauffera jamais aucun vin de ce monde ».

Je n'ai jamais accepté de déposer les armes. C'est probablement l'enfant qui a gagné la partie, en refusant de se plier aux législations de la terre, de composer avec toutes les sagesses réductrices qui, à mes yeux, constituent autant de constats d'échec. Je reste en première ligne. Je me battrai jusqu'à la fin contre l'irrémédiable. « J'espère bien mourir complètement désespéré », disait Gide, indiquant par là que le désespoir est la forme la plus aiguë de l'espoir et le contraire de la résignation. A quoi bon écrire, si ce n'est pas pour se mesurer au grand large ? A quoi bon vivre en condamné à mort, si ce n'est pas pour essayer coûte que coûte d'échapper à cette mort par le haut, c'est-à-dire en accordant notre vie à la mort, et notre mort au mystère de l'univers ?

C'est à cette rage de vaincre le non-sens de tout, de *laisser à l'univers le bénéfice du doute* que je dois d'avoir survécu. Un petit nœud de conscience enfoui dans les ténèbres de l'inconscient a résisté à toutes les épreuves que j'ai traversées. Aujourd'hui, je fais mon miel de peu, j'ai appris à être au régime, et une minuscule goutte d'existence m'explose sur la langue comme un grain de musc.

Finalement, je me dis qu'en présentant ma guérison comme la conséquence d'une heureuse thérapeutique, je prends sans doute l'effet pour la cause, et

1. Jean Giono, *Pour saluer Melville.*

inversement. Sans ma passion de vivre, mon refus d'être déchu de mon droit à l'existence, mon besoin enraciné dans l'âme de retrouver par les moyens de l'écriture ce royaume qu'enfant j'ai connu, aucune pilule au monde ne m'aurait sauvé du désastre.

Tout s'est passé comme si, dans mon arrière-pays mental, se tenait à l'affût l'enfant-roi, attendant son heure pour reconquérir le jardin disparu. J'ai décliné sur tous les modes l'atroce « jamais plus ». J'ai su à temps transplanter mon jardin en d'autres lieux en utilisant les moyens du bord. C'est par l'écriture que j'emprunte le sentier qui conduit au cœur d'un autrefois que chaque mot s'efforce de remettre au présent. Par une ténacité qui ne doit rien à ma volonté, elle si fragile, mais à la nature même de mon caractère, j'ai acquis la curieuse faculté de ne plus conjuguer cet « autrefois » au passé, mais de le projeter dans un futur à conquérir, comme si le passé, ses extases et ses morts attendaient *devant moi,* et non derrière, l'heure de sa résurrection.

Nous sommes en août 1987. L'été a pris près de deux mois de retard cette année. Mais qu'importe l'été, qu'importent les saisons : *Et nunc, manet in te* [1].

J'ai trouvé la paix, et avec elle, un désir d'écrire au-delà de moi-même, de défricher des terres neuves dont l'étendue pressentie derrière mes horizons intérieurs me permet d'envisager l'avenir avec gourmandise – pourvu que Dieu ou les séides du hasard m'en laissent le loisir.

« Et Dieu, dans tout ça ? » me demanderait mon ami Jacques Chancel.

1. Et maintenant, demeure en toi-même.

Je n'en sais pas plus qu'à quinze ans, je n'ai rien appris en consultant les livres, ce qui veut dire qu'à quinze ans je savais tout ce qu'il y a à savoir : la vie nous est donnée sans mode d'emploi. Condamnés à l'irrémédiable, il ne nous reste qu'à « vivre dignement dans l'incertain », ainsi que le préconisait Jacques Chardonne. Si l'espérance est un risque à courir, je prends ce risque plutôt que rien. La mort n'est qu'un mauvais moment à passer, mais on finira bien par s'en sortir. L'Évangile est toujours là, poussiéreux et cependant incontournable.

Dépassé, l'Évangile ? Comme les chapeaux cloches ou les œuvres de Paul Bourget, quoi ! Je me demande souvent si ce qu'on appelle la mode, dont Paris a toujours fait ses choux gras, n'a pas engendré la pire forme d'esprit qui soit au monde : celle qui veut, comme le journalisme, que tout ce qui constitue notre aujourd'hui ne présentera plus aucun intérêt demain. Observées depuis l'Aigoual, peu de choses résistent à la distance. Le dialogue indifférent du vent avec les pierres invite à une certaine modestie. Cette nudité planétaire effectue un tri féroce : d'un côté, les foutaises emportées par ce vent éternel, de l'autre une exigence fondamentale : on ne doit pas jouer la partie avec des haricots.

Des lecteurs m'écrivent encore ou me rendent visite pour me parler de *L'Épervier* quinze ans après sa publication. Quelquefois, ce sont des filles ou des garçons qui préparent une maîtrise de lettres et ont choisi de traiter mon livre. D'autres y trouvent un désir de changer leur vie. Il y aurait là matière à vanité, si je n'éprouvais à l'égard de ce que j'écris des sentiments aussi sévères qu'autrefois. Mais personne, depuis deux ou trois ans, ne me parle du prix Goncourt. Certains ne savent même pas que je l'ai obtenu; d'autres l'ont oublié, ou le croient attribué à un autre de mes romans.

Le cadeau qu'ils me font est sans prix (ce jeu de mots est involontaire). Me voilà à peu près débarrassé d'une légende encombrante. Plus le temps passe, plus s'efface cette période de ma vie qui a bouleversé tant de choses, connu tant de déboires, de deuils, de furieux soubresauts du destin. J'ai payé cher la gloire d'un instant. Des proches me rétorquent que le Goncourt m'a tout de même apporté une liberté de mouvement inestimable. Certes, j'aurais tort de le nier. Comment ne pas me montrer reconnaissant envers ceux qui m'ont permis de ne pas courir les piges pour mettre de l'essence dans ma voiture ?

Parfois on me demande ce que je pense des prix littéraires et du Goncourt en particulier. Mon cas me paraît trop atypique pour que mon opinion ait une valeur objective. On prétend que les prix concentrent les projecteurs de l'actualité sur la littérature, que la France est le seul pays au monde où celle-ci tient une telle place dans la vie publique. C'était peut-être vrai naguère. Aujourd'hui, les lecteurs boudent les livres couronnés. Il paraît que les Allemands de l'Ouest et les Anglais achètent quatre fois plus de livres que nous, bien que chez eux, il n'existe pratiquement pas de prix littéraire. J'ai bien peur que la France ne soit victime d'un narcissisme qui l'empêche de voir ses rides et lui fait ignorer les progrès accomplis dans tous les domaines par ses voisins les plus proches. La France ressemble à Gloria Swanson jouant son propre rôle dans ce *Boulevard du Crépuscule* vers lequel il semble que nous nous dirigions. L'autosatisfaction de nos hommes politiques – et de toute une partie de notre intelligentsia – doit soulever pas mal de sarcasmes dans les chancelleries : nous serions passés maîtres dans la pratique d'une insigne bêtise à force de trafiquer dans l'intelligence dont nous prétendions faire une exclusivité nationale. Depuis vingt ou trente ans, nous ne cessons de nous observer dans les miroirs de nos illusions. J'ai du reste le sentiment que les époques sur lesquelles on réfléchit trop ont tendance à ne pas exister. Au large des plateaux, sur les murs d'une bergerie abandonnée, un quelconque randonneur a tracé sur les murs à l'aide d'une bombe six mots qui dans ce lieu désert prennent une signification, une dimension qui s'accordent au silence des pierres et à l'indifférence du vent : « Il ne se passe rien. »

Depuis cette vallée du Bonheur où j'ai trouvé refuge, je peux lire ma vie désormais comme un itinéraire sur une carte Michelin. En dépit de ma guérison, je me sais toujours vulnérable, et le moindre faux pas sur la ligne de crête où j'avance me serait fatal : j'ai demandé le droit d'asile à ma montagne magique. Il me semble qu'ici rien de néfaste ne peut m'atteindre. Sans doute dois-je ce sentiment d'immunité aux effets conjugués de l'altitude, à l'ébriété que me procurent les grands espaces, et à un rêve d'enfant réalisé : j'ai poursuivi, vaille que vaille, le chemin qui conduisait à la terre promise.

Apprendre à être heureux quand on a cru avoir tout perdu n'est pas tâche facile. Mon amie Georgina Dufoix projette d'écrire avec moi un livre sur le bonheur. Elle me fait lanterner par excès de scrupules. Ministre, porte-parole du gouvernement, elle a toujours l'éclat de rire de ses quinze ans (elle a fait une partie de ses études en compagnie de ma sœur Françoise) : ses quenottes en avant lui donnent l'air d'une collégienne qui fait le mur pour aller voler des cerises, la vie resplendit en elle comme un soleil. C'est une fille que j'adore, que tout le monde adore, enfin tous ceux qui savent que le bonheur, lorsqu'il n'est plus offert en prime avec la jeunesse, réclame beaucoup de sagacité, de patience, d'humilité. Sa seule présence, et celle d'Antoine, son mari, rendraient l'espoir à un condamné à la détention perpétuelle. Je n'ai pas utilisé cette image au hasard.

– On est tous enfermés dans une bouteille, bon Dieu! me dit-elle quand nous rêvassons devant les vastes horizons de La vallée du Bonheur. Un bon coup de pied là-dedans, et la prison vole en éclats. Mais on ne peut le faire pour les autres : à chacun sa bouteille. Il suffit de donner l'exemple.

Là-bas, dans les plaines, les démons d'autrefois ont perdu mes traces. Lorsqu'il m'arrive d'y descendre – en grande hâte et le moins souvent possible, comme un interdit de séjour –, c'est un grand cimetière où est ensevelie mon enfance qui me jette au visage ses terribles menaces. J'ai enterré le prix Goncourt dans ma propriété de Domessargues.

Qu'il y tombe en poussière. Toute cette partie de ma vie me paraît si abstraite, si hallucinée, que c'est un étranger qui l'a vécue à ma place. Sans doute est-ce la raison pour laquelle j'aurais pu prendre le risque de présenter ce livre comme un roman (par filouterie, auraient dit mes détracteurs : elle serait tout de même un peu grosse...). Non, depuis la mort de mon enfance, il ne m'est rien arrivé, peut-être dans la mesure où je n'ai pas consenti à m'en séparer, si j'en juge par les efforts incessants que j'ai fournis pour tenter d'en conserver intacts la lumière et un certain regard sur le monde.

Il ne m'est rien arrivé : cet aveu pourrait offusquer ceux que j'aime. Je veux tout simplement dire que le temps s'est écoulé avec une rapidité si foudroyante que je n'ai pas eu le loisir de me rendre compte de ce qui se passait. Sous mon déguisement d'adulte, je porte toujours mes culottes courtes. Lorsque j'aperçois pendu à mon cintre le costume que je viens de quitter, accusant encore les formes de mon corps, je suis pris de stupeur, comme si j'étais mon propre enfant, observant les vêtements de son père. Après avoir été le père de mon père, au moment où la vie s'épuisait en moi, et avec elle cette crédulité qui nous permet de ne pas couler à pic, je suis devenu le fils de mes propres enfants. Lorsque j'use de mon autorité sur eux, j'ai le sentiment de jouer un rôle de contre-emploi : je flotte dans mon déguisement. Les mots qui sortent de ma bouche appartiennent à un scénario qui ne colle guère à ma peau.

L'affection que me portent mes trois fils a la

vigilance d'une sorte de protection. Non qu'ils me voient comme un homme fragile ou épié par l'âge, mais plutôt comme un gamin à qui l'on a envie d'interdire l'usage des allumettes. Fiers de mon prix Goncourt, ils doivent se dire en leur for intérieur qu'on a couronné un lascar qui cachait bien son jeu. Ils ne se trompent guère. Cette distinction m'allait comme une queue de morue à un garde champêtre.

Alors pourquoi donner tant d'importance à cet événement intempestif en lui consacrant ces pages ?

C'est que j'avais besoin de me mettre à table, de passer aux aveux, d'en finir une bonne fois pour toutes avec le malentendu qui pesait sur ma vie désormais reverdie : ménage de printemps. On en profite pour flanquer à la poubelle toutes sortes de reliques qui encombrent les placards. On ouvre les fenêtres, on arrache les vieilles tapisseries imbibées de nos marasmes et de nos malchances, on reblanchit les plafonds témoins de nos hébétudes. L'air frais a le goût du matin sur la mer.

A l'entendre et à la voir, Georgina lorsqu'elle me rend visite me donne le sentiment que le malheur est bête et que c'est un devoir de se montrer plus intelligent que lui. Mais je ne suis pas encore prêt à renoncer à mes exigences exorbitantes. Il m'arrive encore de rêver, l'espace d'un éclair infinitésimal, que je vais subitement me retrouver dans le jardin de Montfort-L'Amaury, juché sur les collines au-dessus de Nîmes, un matin de mai, lorsque l'air présente un versant chaud un versant frais. Il y aura ma grand-mère sous la tonnelle, en train d'éplucher ses oignons, ma mère jouant les *Scènes d'enfants* de Schumann au piano, mes deux sœurs se chamailleront dans le grenier, le portail grincera, mon père entrera en poussant sa bicyclette.

– Il paraît qu'un jeune Nîmois est favori pour le Goncourt, me dira-t-il en sirotant son Antésite.

Mais il ne s'agira pas de moi.

L'Aigoual, 21 août 1987.

Cet ouvrage a été réalisé sur
Système Cameron
par la SOCIÉTÉ NOUVELLE FIRMIN-DIDOT
Mesnil-sur-l'Estrée
pour le compte des Éditions Robert Laffont
le 12 novembre 1987

Imprimé en France
Dépôt légal : octobre 1987
N° d'édition : 30852 – N° d'impression : 8133